Uma luz entre as tulipas

Psicografia de
Solange Nascimento

Pelo Espírito
Pierre

Uma luz entre as *tulipas*

LÚMEN
EDITORIAL

Uma Luz Entre as Tulipas
pelo espírito Pierre
psicografia de Solange Nascimento

Copyright © 2012 by
Lúmen Editorial Ltda.

1ª edição – março de 2012

Direção editorial: Celso Maiellari
Coordenação editorial: Fernanda Rizzo Sanchez
Preparação e revisão: Eugênia Pessotti
Projeto gráfico e arte da capa: Casa de Ideias
Impressão e acabamento: Mark Press

Dados Internacionais de Catalogação na Publicação (CIP)
(Câmara Brasileira do Livro, SP, Brasil)

Pierre (Espírito).
  Uma luz entre as tulipas / pelo espírito Pierre; psicografia de Solange Nascimento. -- São Paulo: Lúmen, 2012.

  ISBN 978-85-7813-060-2

  1. Espiritismo 2. Psicografia 3. Romance espírita I. Nascimento, Solange II. Título.

12-01466   CDD-133.9

Índice para catálogo sistemático:
1. Romance espírita : Espiritismo   133.9

Rua Javari, 668
São Paulo - SP
CEP 03112-100
Tel/Fax (0xx11) 3207-1353

visite nosso site: www.lumeneditorial.com.br
fale com a Lúmen: atendimento@lumeneditorial.com.br
departamento de vendas: comercial@lumeneditorial.com.br
contato editorial: editorial@lumeneditorial.com.br
siga-nos nas redes sociais:
twitter: @lumeneditorial / facebook.com/lumeneditorial1

2012

Proibida a reprodução total ou parcial desta
obra sem prévia autorização da editora
Impresso no Brasil – *Printed in Brazil*

Sumário

Capítulo	1	A família Dorth	7
Capítulo	2	O acidente	14
Capítulo	3	O casamento e o nascimento de Dirk	33
Capítulo	4	As dificuldades dos Dorth	46
Capítulo	5	A outra face de Albert	56
Capítulo	6	A segunda gravidez de Mirka	66
Capítulo	7	A doença de Hugo	76
Capítulo	8	Albert frequenta o bordel	83
Capítulo	9	A revelação de Hendrick	91
Capítulo	10	Uma nova fase para Mirka	109
Capítulo	11	O casamento duplo	130
Capítulo	12	A chegada do filho Bourchier	160
Capítulo	13	A fuga de Miriam	173
Capítulo	14	A gravidez de Karla	195
Capítulo	15	A volta de Miriam e Euriko para a Holanda	206
Capítulo	16	A visita de Dirk	221
Capítulo	17	Lembranças do passado	229
Capítulo	18	A volta de Rodolfo	246
Capítulo	19	Dirk e Sthefani na Holanda	254
Capítulo	20	Particularidades de Dominique	273
Capítulo	21	A despedida de Hendrick	287

Agradecimentos

Em memória ao meu pai, Argemiro Pimenta Nascimento, que foi um progenitor exemplar, honesto e disciplinador, ao qual devo minha personalidade.

A minha mãe, Gerarda da Silva Nascimento, uma pessoa forte e guerreira, que ainda hoje, aos oitenta e dois anos de idade, é o alicerce da família.

Ao meu irmão, Carlos Roberto Nascimento, minha alma gêmea, forte e determinado, com o qual vivi uma infância adorável.

Em memória a minha irmã, Nancy Nascimento, uma alma pura e sensível, que nos ampara em todos os momentos.

A minha irmã, Tânia Nascimento Xavier, pessoa de caráter incontestável. Misto de fragilidade e força, que tem a missão de cuidar da família e protegê-la.

Aos meus filhos a quem amo muito, Ricardo Leardini Mendes, progenitor de coração bondoso e ótimo caráter, sensível e acolhedor. A Caroline Ane Nascimento, a pequena forte e batalhadora, dona de um coração generoso, uma pessoa criativa e de alma guerreira.

A minha sobrinha, Simone Nascimento, inteligente e determinada.

A minha cunhada, Benedita Vieira Nascimento, trabalhadora incansável e dedicada.

A minha nora, Cassia Iamanischi, generosa, prestativa e devotada.

A minha prima, Lais Nascimento, educada, prestimosa e sensível.

A todos os parentes e amigos, dedico esta obra com amor e carinho.

Capítulo I
A família Dorth

Era ainda bem cedo, a neve começava a cair, e os pequenos flocos deslizavam na vegetação transformando todo o cenário, onde o campo já fora repleto de flores silvestres.

O frio ríspido anunciava a mudança de estação, apressando as pessoas a tomar providências quanto aos animais e as colheitas tardias.

Na propriedade dos Dorth não era diferente, sua modesta casa sem grandes recursos, abrigava a família acostumada à intempérie e às dificuldades.

Mirka observava o tempo e ajudava os pais a superar a crise econômica que passavam, sendo solicitada em todos os afazeres, pois a produção da fazenda só bastava às suas necessidades básicas.

Hugo Dorth lamentava não poder dar o melhor aos seus três filhos, Mirka, Van e Frans.

Mirka era uma bela jovem. Tinha cabelos louro-avelã, olhos azuis, sorriso singelo e uma simplicidade natural.

Seu pai, em tom firme e forte, preocupado com a alimentação das crianças, fez um apelo:

– Mirka! Tire o leite da vaca e vá servir aos seus irmãos!

– Irei já, papai, acalmarei a fome dos pequenos.

Era a mais velha, com dezessete anos, nunca desrespeitava a opinião do pai. De sangue holandês, ele tinha um temperamento enérgico e decidido, com muitas responsabilidades, chegava até a ser um pouco duro em suas resoluções, mas Mirka não fazia objeção, pois era de uma total meiguice, atendia às ordens do pai, fazendo disso uma questão bem simples.

Entrando na cozinha, ela sorriu aos irmãos. O leite, ainda quente, e o bolo de nozes satisfaziam o paladar dos inquietos.

Erika se aconchegava perto do fogão a lenha, e começava a preparar a comida. Era uma mulher de fibra e gentil, cuidava com carinho de sua família, tentando amenizar a vida rude que levavam. Possuía traços finos e delicados, cabelos longos, castanho-claros, olhos esverdeados que, no passado, haviam conquistado o coração de Hugo, o qual se apressou em pedi-la em casamento, antes que algum pretendente o fizesse.

Hugo estava inquieto e, olhando pela janela, pronunciou-se:

UMA LUZ ENTRE AS TULIPAS

— O inverno vai ser rigoroso, perdemos muita plantação, preciso colher, ainda hoje, o pouco que ainda resta.

Mirka se prontificou a ajudar o pai. Antes que o tempo piorasse, saíram agasalhados enfrentando a neve que caía ainda moderada. Depois da colheita, foram ao galpão ensacar frutos e cereais.

As mãos estavam congeladas, apesar das luvas, e, chegando a casa, se aqueceram próximos à lareira. A refeição saciava o estômago e o conhaque no leite era servido a todos; era um hábito comum por aqueles lados, para espantar o frio. Não sairiam mais de casa, o melhor era agasalhar-se junto à lareira, ler algum livro e comer algumas guloseimas.

Naquela tarde o jovem Hendrick trazia um cesto de legumes, era gentileza dos seus vizinhos "os Willickens". Ele morava numa propriedade ao lado dos Dorth, sua família tinha posses, nada lhes faltava, suas acomodações eram de muito luxo, possuíam um casarão confortável, móveis em estilo inglês, e todas as novidades da época, que proporcionavam uma vida mais agradável. Hendrick, com dezoito anos, observava a donzela, olhando-a quase que sem tirar os olhos dela.

A sra. Dorth já estava percebendo o interesse dele, e fazia gosto naquele compromisso, porque entre tantos predicados, ele poderia oferecer à sua filha o que ela jamais pôde dar.

Hendrick era uma pessoa extremamente educada e de boa índole, já se ouvira antes comentários sobre ele, e os rumores eram sempre os melhores. Sabiam que a fortuna não o deixava soberbo, estava sempre disponível a prestar qualquer tipo de ajuda, até mesmo aos outros vizinhos que, vez ou outra, solicitavam seus auxílios em alguma dificuldade.

Naquele momento, após olhar pausadamente para Mirka, ele se despediu de todos, montou em seu cavalo e galopou rumo à sua propriedade.

A jovem foi cuidar dos afazeres, e a sra. Dorth interrompeu Hugo em sua leitura para comentar:

— Creio que Hendrick está interessado em nossa filha, ficou ainda mais nítido hoje, após admirá-la com os olhos.

Hugo respirou fundo, as suas feições endureceram, as sobrancelhas se curvaram, não era com belos olhos que ele via esse assunto, sobre o qual argumentou:

— Não coloque sonhos na cabeça de nossa filha, água e azeite não se misturam!

Hugo achava que os ricos preferiam a sua estirpe e sua filha era apenas uma simples camponesa, e romântica. Erika pediu a ele que não colocasse maldade em tudo o que via, pois assim poderia afastar um bom pretendente que mudaria o futuro da filha.

O domingo chegou depressa, todos foram para a igreja. Ao se acomodarem no recinto, o pastor Kall pregou o evangelho. Albert se inquietava no banco. Esticava o pescoço para ver Mirka. Todos sabiam que ele era apaixonado por ela, pois nunca escondera os seus olhares, enquanto ela se esquivava de sua corte.

Seu porte era robusto, trabalhava com madeiras; nesse trabalho lidava com afazeres braçais, o que o tornava ainda mais rústico e grosseiro, mas isso não abalava os seus sentimentos, que suavizavam o seu semblante.

Hendrick observava tudo, mas era mais elegante e mantinha a classe. Seu olhar cativante e seus cabelos claros, enrolados, deixavam-no ainda mais belo. Quando sentia ciúmes, porém, era reservado, e não deixava transparecer os seus sentimentos diante de todos.

Quando os Dorth regressaram para a fazenda, a neve cobria o chão numa camada fina. A charrete dirigida por Hugo estacionou diante da porta de entrada.

Ao entrarem na modesta sala, Hugo comentou com Erika sobre a dissertação do sermão:

– Kall sempre nos surpreende, a palavra vem sempre na hora certa.

– É mesmo, Hugo! Hoje ele nos mostrou o poder da fé. "A ajuda de Deus nunca falha."

– Não temos dinheiro, mas não falta nada à mesa.

Mirka se aproximou da lareira e acrescentou alguma lenha. Enquanto a madeira estalava, aumentava as labaredas que se precipitavam em chamas vigorosas. Após se esquentar no calor que se espalhava no recinto, a sra. Dorth comentou com Mirka sobre o comportamento de

Albert na igreja, e a lembrou de momentos, desde a infância, quando se encontravam em alguns eventos promovidos por Kall. Ele era sardento, de cabelos vermelhos, e muito decidido. Já a rodeava e afirmava que, um dia, iria se casar com sua filha.

Mirka lamentava, mas não forçaria sua natureza. Albert sempre fora um bom amigo, e não colocaria ilusões em sua cabeça, pois não podia trair seu coração, por isso, sempre se afastava de suas investidas.

Após sua conversa, seguida de alguns minutos de silêncio, Erika explanou:

– E sobre Hendrick, o que faria se ele lhe fizesse a corte?

– Hendrick?

Ao ouvir esse nome, o seu coração acelerou. Era nítida a grande afeição que sentia, mas achava que seria impossível, já que sua família, e principalmente sua mãe, preferiria escolher suas pretendentes. Temia ser rejeitada, mas, emocionada por essa possibilidade, retrucou:

– É impossível, mamãe! Os Willickens não me aceitariam, vão preferir alguém à sua altura.

O pai escutou a conversa e resmungou:

– Não coloque sonhos em Mirka!

Diante dessa conversa, esse assunto aguçou sua mente, por mais que tentasse esquecer. Hendrick latejava em seus pensamentos; mas ela sabia que todos cobiçavam o gentil jovem, e ouvira outros comentários, que existiam pretendentes de famílias nobres. Por esses motivos, achou que não teria nenhuma chance.

Capítulo 2

O acidente

Naquela noite, foi difícil pegar no sono. Hendrick estava fixo em sua mente. Mirka não queria ter esperança em relação a ele. Sua mãe, Beatriz, pensava em lhe arrumar um casamento com moças da alta sociedade. Os Willickens promoviam sempre festas no casarão, e ela soube que a mãe de Hendrick havia convidado toda a casta da sociedade. Nesse dia, Mirka observou, de longe, as carruagens que traziam as pretendentes; muitas delas, além de terem habilidades com a música, estudavam com os melhores professores particulares, muitos vindos da França, a convite, para lhes ensinar as matérias essenciais, para que elas se transformassem em *ladys*; além do estudo geral, também estudavam política.

Karla, a irmã de Hendrick era assim, repleta de conhecimentos, e logo iria para Paris estudar nas melhores universidades. A família Willickens os tratava bem, como vizinhos que eram, mas jamais convidou um Dorth para suas festas.

Pensando assim, sabia que não havia a menor possibilidade de acontecer um romance entres eles, mas suspirava fundo. Era um sonho impossível e, por isso, iria tirá-lo dos seus pensamentos.

Mas a noite se estendia, e o pensamento vagava. Ludvig Willickens era o mais sensato, porém fazia os gostos da esposa, e por isso não se envolvia nas escolhas que Beatriz fazia para o filho.

De tanto pensar, e se remexer na cama, Mirka adormeceu. Acordando pela manhã, foi ao celeiro. A luz entrava através da fresta da janela, onde havia vários engradados para que as aves acomodassem seus ovos. Distraída em seus pensamentos, sentiu algo se mexer no feno; assustou-se pensando ser algum animal, mas para sua surpresa, Hendrick saiu do feno sorrindo para ela e disse:

— Como está, Mirka, assustou-se?

— Pensei ser algum animal selvagem.

— Não se irrite! Eu não quis assustá-la. Estou atrás de um novilho que se perdeu em suas terras.

Foi a primeira vez, desde que ficaram adultos, que se encontraram sozinhos, e puderam se olhar sem disfarçar a emoção. Ele deixou que seu coração falasse:

— Não consigo evitar seu olhar, desde muito tempo que meu coração acelera quando te vê, gostaria que pudéssemos dar uma oportunidade a esse sentimento.

Ela sentiu o chão faltar, não acreditava no que estava ouvindo, mas conhecendo as intenções de Beatriz interrogou:

– Acha que sua família aprovaria o nosso romance?

– Acho que será difícil convencer mamãe, mas farei de tudo para que todos compreendam. O melhor no momento é guardar segredo, assim ganharei tempo para convencer a sra. Willickens.

Ela contestou a dificuldade e colocou a situação social como primordial empecilho. Argumentou que não gostaria de ser julgada como oportunista e que o romance traria sofrimento aos dois.

Hendrick sabia ser convincente, e argumentava contra todos os obstáculos que a jovem criava, e finalmente disse:

– Jamais desistirei de você!

Mas o sentimento falava mais alto, ela não podia negar o que sentia, e se limitava a deixar por conta do destino. Ameaçou ir embora e, num gesto rápido, ele lhe roubou um beijo, indo embora esboçando um sorriso próprio de quem cometeu um delito.

A fazendeira ficou estonteada diante desse beijo, e não conseguia raciocinar direito em virtude da surpresa. Ela se lembrou de que a mãe esperava os ovos, e apressou-se em levá-los.

Entrou na cozinha totalmente distraída, não ouviu sua mãe reclamar pela demora, somente a ouviu pedir:

— Faça um bolo, Mirka, comece batendo as claras em neve.

Mirka fazia tudo automaticamente, conseguia sentir o gosto do beijo de Hendrick e gostava do que sentia.

Houve outros encontros ocasionais. Numa festa promovida por Kall, para arrecadar verbas para a igreja, eles se encontraram.

Ele se aproximava, mas pelo fato de a jovem estar sempre acompanhada ou conversando assuntos religiosos, faltava-lhe a oportunidade.

Bem mais tarde, desatenta, ela saiu para o pátio da igreja e Hendrick a esperava atrás de uma coluna.

Novamente, ela se surpreendeu; ele aparecia quando menos esperava. O jovem Willickens tomou-lhe as mãos e, carinhosamente, perguntou:

— Tem pensado na nossa conversa? Não consigo parar de pensar em você.

Tímida, ela corou a face, mas, balbuciando, respondeu:

— Eu também!

Era um encontro de almas. Esses jovens tinham uma afinidade indescritível, notava-se, no olhar, que o sentimento era sincero e verdadeiro.

Eles tinham de lutar pelas suas diferenças, mas, antes, Hendrick tinha de convencer a família de que Mirka era importante para ele, e que não desejava uma pretendente da alta sociedade, nem mesmo se fosse a mais prendada ou a mais rica da região. Queria apenas amar.

Hendrick gostava da simplicidade, todos sabiam disso, apesar de ter cultura, ele buscava a felicidade no campo, na amizade com os colonos e no cheiro da terra. Era, por nascença, simples, sem pretensões, sem exageros.

Mirka também teria de convencer Hugo Dorth; seu pai era conservador e tinha proporcionado uma educação rígida, sem, porém, endurecer o coração, porque a família era muito importante para ele, e temia que sua filha sofresse, por isso, desejava que ela se casasse com algum colono, trabalhador e responsável com os deveres. Desde sua infância, os Dorth e Willickens, em sua relação, não passavam apenas de bons vizinhos. Hugo se mantinha introspectivo na sua vida pessoal, não comentava as suas dificuldades e procurava resolver sempre entre família.

Algumas vezes, quando criança, Mirka se encontrava com Hendrick no campo, onde ela e seus irmãos brincavam a cavalo. Já Karla se portava como uma *lady*, não brincava com os meninos, ficava em casa treinando ao piano ou bordando com Beatriz. Mirka era mais livre para correr no prado, embora tivesse algumas obrigações na cozinha, ajudando a mãe, mas sua infância era repleta de brincadeiras e traquinagens.

Seu pensamento voltava da infância para aquele momento em que se encontraram no pátio. Hendrick estava encostado na coluna, recentemente reformada com obras de reparo.

O salão percorria uma grande extensão, e cortinas aveludadas ornavam as janelas. Ele novamente tentou beijá-la, mas Mirka esquivou-se, e logo sua mãe foi chamá-la para retornarem à fazenda. Antes que o deixasse, ele ainda falou em tom baixo:

– Quero vê-la em breve! – Mirka disfarçou e caminhou em direção à mãe.

Era quase impossível disfarçar o que acontecia de Erika, que alongou os olhos sobre Hendrick querendo adivinhar:

– Hendrick lhe fazia a corte?
– Claro que não, mãe, ele é muito gentil, e perguntava a respeito de nossa família.

Erika sentiu uma ponta de dúvida, gostaria muito que Mirka tivesse um pretendente, mas talvez Hugo estivesse certo, a família Willickens não aprovaria o romance.

Chegaram a casa, Mirka relembrava cada palavra, cada olhar que Hendrick lhe lançou, era inevitável não pensar nele. Além de ser de boa família era o pretendente mais desejado pelas jovens solteiras, que o queriam fisgar para o casamento. Soube que ele recusou algumas moças, claro que de maneira delicada e quase imperceptível, com toda a educação que ele possuía. O dia todo pensou nele, enquanto fingia ler um romance para escapar da vigilância da sra. Dorth.

O Natal se aproximava. Hugo comentou:

– O Natal está se aproximando, Kall nos convidou para orarmos em vigília ao nascimento de Jesus.
– Nós iremos! – afirmou Erika.

Nessa época Kall reunia os fiéis, e, juntos, faziam vigília e orações ao nascimento de Jesus. Eles se revezavam na igreja, e todos iam comemorar com Cristo essa data. Essa tradição se estendia a todos, e, com certeza, os Dorth não faltariam.

Os dias passaram depressa, e algumas vezes o galante Hendrick surpreendia Mirka, em algum canto da fazenda para roubar-lhe um beijo.

Os Willickens, após a vigília da igreja, comemorariam a ceia, dando uma grande festa. Karla havia convidado os nobres da sociedade.

Hendrick disse à bela jovem que gostaria de vê-la na noite de Natal, pois queria fazer-lhe uma surpresa e pediu que não comentasse com ninguém, pois era muito importante para ele; portanto, a esperaria no celeiro. Ela ainda relutou por estarem se encontrando às escondidas, mas ele argumentou que seria por pouco tempo, logo que pudesse, contaria aos pais a sua paixão. Vencida, ela aceitou o convite e percebeu que não conseguiria esconder o romance por muito tempo.

Antecedendo o Natal, Mirka contava os dias, estava curiosa para descobrir qual a surpresa que ele queria fazer. Tinha de esconder sua emoção e a alegria que sentia por saber que Hendrick correspondia ao seu amor.

Sua mãe cozeu um vestido para que ela usasse na igreja no encontro dos fiéis, e Mirka bordou o vestido com muito gosto para estreá-lo no Natal. A roupa parecia estar perfeita para o encontro dos apaixonados.

Chegou a noite esperada. Enquanto os Willickens se preparavam para a elaborada ceia e para receber os convidados, Hendrick se preocupava em pedir a Ludvig um mimo que estava na família havia algum tempo.

Apesar de o pai insistir para que ele dissesse para quem era o presente, ele se esquivava da resposta, dizendo que, alguma hora, ele contaria, e uma grande surpresa o esperava. Tudo parecia perfeito, e o jovem foi ao encontro de sua amada.

Mirka chegou ao celeiro, e Hendrick já a aguardava, ele tinha um embrulho nas mãos, e dizia ser um presente especial para ela. Eufórica, ela abriu o pacote e deparou com uma caixinha de música. A bailarina girava e se ouvia uma bela canção de Natal. Ela não sabia o que dizer e agradeceu:

– Obrigada! É uma linda caixinha de música!

– Está na minha família há muito tempo, e agora é sua.

Mirka nunca havia recebido um presente, ainda mais tão especial, uma relíquia de família. As lágrimas rolaram de sua face. Era inevitável esse amor, não houve intenção premeditada por Hendrick, e ambos se entregaram àquele momento.

Após o ato, Mirka desesperou-se em lágrimas, culpando-se por ter sido fraca e temendo a responsabilidade do fato consumado.

Hendrick disse com toda sinceridade e carinho:

– Eu lhe prometo, vou contar tudo à minha família e me casarei com você o mais breve possível.

Mirka retornou para casa, escondeu a caixinha debaixo do colchão e chorou até adormecer.

Pela manhã, ao levantar-se, e defrontando-se com sua mãe, ela tentou disfarçar o acontecido, que parecia estampado em seu rosto.

Mesmo sem saber, sua mãe notou que ela estava pálida e se preocupou com sua saúde. Para não deixar dúvida, ela declarou estar indisposta e que, talvez, um mal no fígado a deixara com aquela aparência.

Erika se apressou a preparar um chá de ervas. Mirka segurou a xícara vagarosamente e tomou o remédio, mas o seu pensamento não estava presente, revivia a cena da noite anterior.

No dia seguinte, eles se encontraram na fazenda, e Hendrick continuava o mesmo. Pediu para ela ter calma, porque, logo, ele contaria à família.

Nesse último encontro, após perseguir um novilho, eles se encontraram. Ele estava bastante seguro e afirmou:

– Hoje mesmo, após buscar outro novilho que se perdeu nas planícies, comunicarei minha família sobre esse idílio. Logo ficaremos juntos.

Ele saiu em busca do animal, e Mirka despreocupou-se, pois logo resolveriam a situação.

Enquanto isso, Hendrick seguiu rumo à planície e, como demorou horas, sua família pediu ao capataz que fosse procurá-lo. Já era tarde quando os empregados foram atrás dele.

Havia acontecido um acidente. O cavalo havia caído numa imensa vala e a neve cobrira parte do animal. Passaram a escavar onde se notavam as patas. Após puxarem o animal para fora, foi com grande espanto que todos presenciaram a cena: Hendrick estava soterrado embaixo do animal. Já o encontraram sem vida.

Os empregados comoveram-se em lágrimas. Ele era um excelente patrão, sempre meigo e gentil, tratava-os com muita igualdade e os ajudava nos trabalhos da fazenda.

A família, chocada pela tragédia, recebeu o corpo, e o velório foi feito.

Mirka e a família estavam presentes e assistiram à triste perda. O coração da pequena fazendeira despedaçou-se, ela chorava silenciosamente, a dor aumentava a cada minuto, até que desmaiou.

No sepultamento, compareceram várias famílias inconformadas. A jovem regressou a casa e deitou-se para ver se melhorava das vertigens.

Ela estava sofrendo muito com sua dor silenciosa. Ninguém imaginava o desespero que tomava conta de sua alma. De seu romance oculto, agora restavam apenas as lembranças dos bons momentos.

Como a família se comoveu com a morte do jovem, acharam que o sofrimento dela era comum a todos, que não se conformavam com uma morte brutal, que levara a vida de uma pessoa tão nova.

Mirka, nas suas preces, pedia a Deus para que o recebesse bem, pois ele era uma alma nobre, de muitas qualidades, e que os anjos o ajudassem, acalmando o seu espanto diante da brutalidade da qual fora vítima e da dor de perder a vida ainda na flor da idade.

Passaram-se dois meses da morte de Hendrick, e Mirka notou diferenças em seu corpo: sua cintura se alongou, dando formas arredondadas à barriga, e como as regras lhe faltavam, diante do enjoo, ela percebeu que estava grávida.

Sentiu o chão faltar a seus pés. Temia a reação da família e, naquele momento, sentindo desespero, foi ao celeiro para chorar sem ser notada. Sentia uma sensação estranha, o vento balançava a janela freneticamente, a sensação de arrepio percorria o corpo. Não conseguia distinguir a razão da inquietude nem a aceleração do seu coração. O momento era, ao mesmo tempo, suave e perturbador. Quem poderia lhe explicar aquele instante, que a levava desde a calma dos anjos até as tempestades inexplicáveis?

Enquanto se debruçava no feno, um brilho de luz pairou diante dela, os contornos foram formando-se, até que apareceu o espírito de Hendrick.

Estarrecida diante dele, ela não sabia o que dizer, apenas chorava, olhando-o.

– Não se desespere, conte aos meus pais, eu amo o nosso filho, que ainda é pequeno em seu ventre.

– Hendrick! Hendrick! – disse, num choro compulsivo.

– Eu não a desampararei!

Como uma névoa, o semblante de Hendrick se desfez, fazendo-a refletir sobre suas palavras. Ela ainda lembrava da noite que tiveram, e jamais pensou na possibilidade de uma gravidez. Estava insegura, pois ainda era muito jovem diante da seriedade dos acontecimentos.

Aceitando os conselhos de Hendrick sobre os Willickens, Mirka seguiu nesse pensamento e chegou ao casarão, sendo recebida por Beatriz, que a convidou a entrar:

– Entre, Mirka, aconteceu alguma coisa com sua família?

– Não, senhora, é um assunto particular que se faz urgente.

Ela sentou-se em uma poltrona, completamente tímida, enquanto a senhora a olhava com muita imponência, reparando na roupa remendada e nas botinas sujas de barro, acomodadas em seu rico tapete. Mirka era a simplicidade em pessoa, contrastando com o luxo do recinto.

A simples fazendeira contou-lhe desde o início de seus encontros com Hendrick até o fatídico dia em que engravidou. Falou também sobre a aparição de Hendrick no celeiro, o que a fizera ir até ela.

A reação da senhora foi completamente às avessas. Criticou-a e a julgou uma oportunista diante da morte de seu filho. Em tom irado e inconformado, ela afirmou:

— Não acredito em suas histórias; não manche a reputação de meu filho, conte a seus pais sobre a gravidez e esclareça a eles a verdade.

Ríspida e extremamente nervosa, ela pediu à fazendeira que se retirasse. Mirka sentiu-se desanimada e pensou em como alguém acreditaria em suas palavras, se nem mesmo a família de Hendrick a ouvira.

Ela voltou para casa abatida e incerta quanto às decisões que deveria tomar. Erika estava em casa naquele momento e tricotava um suéter. Estava sentada em frente à lareira. Mirka se aproximou e a rodeou com lágrima e frases vazias.

Erika sentiu que ela tinha algo a dizer, mas nem sonhava com a gravidade dos fatos. Após sentir a angústia da filha, perguntou, em tom preocupado:

— O que se passa, Mirka? Tem algo a me dizer?

— É mais grave do que espera!

Sua mãe arregalou os olhos expressivos e escutou sua história, que havia se desenrolado naqueles meses. Atônita, recebeu a notícia da gravidez, o que a deixou completamente aturdida. Achava que ela deveria recorrer à família de Hendrick, mas, Mirka, desapontada, relatou a visita que teve com Beatriz Willickens; e que seria inútil pedir sua ajuda, principalmente no apoio que ela precisava para contar ao pai, que certamente não a perdoaria. Erika se preocupava com a atitude de Hugo, sabendo quanto à rigidez que ele mantinha na educação dos filhos, e que seria a última coisa que esperaria de sua filha. Mas não havia o que fazer; na hora certa contaria ao marido.

Mirka já estava com quatro meses de gestação e sabia que, logo, sua barriga iria aparecer. Erika tentava arrumar uma forma para contar a Hugo, e, como o tempo passava, ela resolveu contar a verdade ao esposo.

Hugo recebeu a notícia como um trovão ecoando no céu, anunciando a tempestade que viria. Após conversar com Mirka e ela expor todos os problemas, juntamente com a desatenção de Beatriz, ele resolveu tomar uma medida drástica e escreveu para a irmã Veruska, pedindo que recebesse a filha como hóspede, afastando-a, assim, dos curiosos.

Mirka pediu a charrete para o pai e foi à igreja procurar o pastor para pedir conselhos sobre o seu drama.

Kall surpreendeu-se. Mirka nunca havia procurado a igreja fora dos domingos. Ela relatou todos os acontecimentos e o amor que sentia por Hendrick; além de suportar a morte dele, ainda temia sofrer pela discriminação por sua gravidez e por não ter como provar à família dele que esperava um filho, fruto de seu amor com o jovem Willickens. Contou-lhe a decisão de seu pai, que a levaria para a casa de sua tia, numa cidade distante. Após ouvir todo o relato ele se pronunciou:

– No momento, ir para a casa de Veruska é o melhor a fazer, mas orarei por você todos os dias para que Deus lhe dê alento.

Naquela semana, Hugo levou a filha para a casa de sua irmã. A viagem foi cansativa, com longas horas de charrete até chegar ao seu destino. Sua irmã os recebeu muito bem e tomou conhecimento da situação da sobrinha. Ele estava visivelmente abatido e justificou sua atitude diante da gravidade dos fatos. Por sua vez, Veruska o tranquilizou e prometeu cuidar da menina até o bebê nascer. Aquela noite, Hugo se hospedou em sua casa e resolveu partir bem cedo, no dia seguinte.

Mirka desfez a trouxa com suas poucas roupas e colocou na gaveta de uma cômoda, no quarto das crianças, com quem dividiria o aposento. Sua tia comunicou-lhe suas obrigações na casa e lhe disse que a barriga nunca a impediu de trabalhar. Veruska estava sendo dura com ela, porque, segundo sua criação, uma moça não tomava liberdades antes do casamento. Mesmo diante do seu entendimento, ela prometeu que a ajudaria, afinal, ela era sua sobrinha e tinha muito apreço por Hugo, seu irmão mais velho; que, de certa forma, a havia criado.

Após preparar o dejejum, ela foi tratar de algumas obrigações e ficou incumbida também de cuidar das crianças, enquanto a tia iria até a cidade comprar mantimentos.

As lágrimas desciam em seu rosto. Mirka estava sofrendo muito, era uma situação muito difícil para ela, não queria contar para a tia que tinha conversado com o espírito de Hendrick, porque, desde criança desenvolvera esse dom, mas sempre que comentava sobre as aparições com sua família, as pessoas duvidavam, achando ser apenas fruto de sua imaginação.

Ela estava encostada no fogão, olhando as panelas para não deixá-las queimar, quando, no canto da cozinha, Hendrick se materializou. Mirka assustou-se ao vê-lo, e não sabia o que fazer. Seu sofrimento estava estampado em seu rosto, e ele tentou consolá-la:

— Não desanime, a providência de Deus nunca falha!

Ao dizer isso, ele foi desvanecendo numa camada fluídica.

Ela sentia que devia aguardar os acontecimentos, pois ele prometera que tudo se resolveria. Enquanto isso, Albert estava na igreja indagando a Kall sobre o paradeiro de Mirka. Estava inquieto e questionava sobre as razões para aquela viagem tão repentina.

Kall tentava se esquivar das perguntas, sentia que deveria guardar segredo, mas, diante da insistência do jovem, ele o questionou:

– Gosta mesmo de Mirka, não Albert?

– Ela é minha razão de viver!

O reverendo contou-lhe sobre a seriedade dos acontecimentos e relatou toda a verdade sobre a situação dela, pedindo sigilo. Aconselhou-o a procurar Mirka e perdoá-la; e, caso a amasse de fato, pedi-la em casamento. Fazendo isso, teria uma atitude nobre, digna de um fiel servidor da igreja, e um temente à lei de Deus.

Seguindo os conselhos do mentor religioso, ele retirou-se para refletir, prometendo voltar ao assunto assim que colocasse em ordem a mente, que estava atribulada pelas novidades estonteantes, que provavelmente lhe tirariam o sono daquela noite.

Nos dias que se seguiram, Albert trabalhou com afinco. A carpintaria sempre o ocupava, os trabalhadores notaram o seu silêncio, que, muitas vezes, se resumia num suspiro, próprio de quem quer desabafar alguma coisa, mostrando na face nuances entre seriedade e preocupação.

Logo se sentiu cansado e consumido pelos pensamentos e procurou por Kall. Ele desejava casar-se e assumir o filho da fazendeira, porém se preocupava com os rumores. Mas o pastor o aconselhou a guardar segredo e proclamar aos quatro cantos que ele era o pai da criança, pois assim resolveria os contratempos com os curiosos; e conseguiria dar um lar a tão adorável criatura.

Decidido o assunto, ele prometeu procurá-la ainda naquele dia, pois queria resolver logo o contratempo, e ser feliz ao lado da pessoa que sempre amara.

Apressou-se em montar a cavalo e cavalgou longas horas. Chegando à casa de Veruska, esta se surpreendeu com sua visita:

— Estimo vê-lo, Albert Vollenhoven. O que o traz a estas terras?

— Vim visitar Mirka.

Veruska convidou-o a entrar, e, na sala, junto à lareira, ambos se aconchegaram nas cadeiras para conversar. Mirka expressou espanto no olhar, enquanto ele a fitava amorosamente:

— Que surpresa, Albert!

— Estou aqui porque a amo!

Ele expôs toda a conversa que tivera com o pastor, e a decisão que tomara diante dos fatos que o levara até ela.

Mirka ouviu atentamente sua proposta e se comoveu com o pedido de casamento, que a levou às lágrimas, porém relatou todo o amor que sentia por Hendrick, e lhe disse que naquele momento teria pouco a lhe oferecer, já que a morte de Hendrick era muito recente. Ouvindo-a, ele disse que a amava o suficiente para que o casamento desse certo, e que não duvidava de que o tempo apagaria todas as lembranças.

O chá foi servido, acompanhado das brevidades ainda quentinhas, que esfarelavam na boca e agradavam ao paladar.

Antes de partir, ele certificou-se de que ela aceitara o pedido e prometeu marcar o casamento e ir buscá-la assim que tudo estivesse pronto.

Após sua retirada, a tia Veruska se encheu de alegria, agradecendo ao senhor por aquela bênção, e porque a paz reinaria na família Dorth, após a tempestade.

CAPÍTULO 3

O casamento e o nascimento de Dirk

Já em casa, em reunião familiar, Albert comunicou a decisão sobre seu casamento. Tomados pela surpresa e pela notícia repentina, os Vollenhoven, que desejavam a sua felicidade, aceitaram bem a novidade.

Havia muito tempo que a família sabia da paixão de Albert por Mirka. Muitas vezes, Albert dizia aos Vollenhoven que se casaria com ela, e que passasse o tempo que fosse, um dia ele a desposaria. Contudo, surpresos com a comunicação sobre a gravidez dela, eles queriam detalhes sobre o romance, mas ele limitou-se a dizer que nada mais importava, somente Mirka e a criança.

No domingo, na igreja, Albert propôs a Kall, que, na hora do sermão, anunciasse o seu casamento. Satisfeito com o apoio dos fiéis, ele poderia seguir tranquilo.

Começou, então, a se ocupar com os preparativos do casamento. Antes, teria de pedir permissão a Hugo.

Pensava na maneira de como diria aos Dorth. Por isso, ensaiou várias vezes o diálogo que teria com o futuro sogro. Sabia que teria de provar as suas boas intenções, não somente com Mirka, mas também com a criança, que ela carregava no ventre.

Hugo Dorth tinha fama de ser durão, e Albert receava que ele rejeitasse o pedido de casamento. Ao chegar à casa dos Dorth, ele o recepcionou. Hugo o convidou para entrar e se aquecer junto à lareira. Eles se sentaram em poltronas, acomodadas em uma disposição que permitia que ambos se colocassem de frente. Após conversar assuntos de família, ele disse exatamente o motivo de sua visita:

– Como sabe, Hugo, amo Mirka desde que éramos crianças; soube de sua gravidez e da rejeição dos Dorth. Quero pedi-la em casamento.

Qual não foi o espanto do pai, que não via saída para sua filha, e agora diante dele, se prostrava um homem decidido a dar lhe um lar. Hugo lhe serviu um uísque, para amortizar a surpresa do pedido de casamento, e, como sempre era cuidadoso e desconfiado, o interrogou:

– Acha que fará Mirka feliz e aceitará bem a criança?

– Claro que sim, sr. Hugo! Respeito Mirka e assumirei a paternidade do filho dela.

Satisfeito com a resposta, Hugo concordou com o casamento. Erika se debulhou em lágrimas diante da notícia. Albert manifestou a vontade de que Mirka voltasse à fazenda dos Dorth. Gostaria que ela saísse de casa para se casar e atender as formalidades da igreja. Ele pediu permissão para buscá-la na casa de Veruska. Hugo aceitou que o futuro genro cuidasse dos preparativos para o casamento.

Erika acompanhou Albert até a charrete, o agradeceu pela generosidade e o abençoou, porque somente um homem de bom caráter visualizaria o problema como uma solução e se casaria com Mirka naquelas condições; e só o amor poderia justificar esse gesto.

Albert tomou sua charrete e partiu para buscar Mirka. No longo caminho que percorreu, ele pensou como o destino o havia favorecido, com o mal que aconteceu a ela, por saber que ela jamais se casaria com ele. Somente a fatalidade os unira e, sendo assim, não puniria a amada, entenderia as suas dificuldades e a respeitaria antes de tudo.

Ele fazia planos para a vida do casal e queria ainda ter muitos filhos. Ele daria o seu nome àquela criança, porque Mirka merecia tal atitude.

A estrada era solitária e convidativa para relembrar o passado. Muitas vezes, ele insistira num romance, mas ela sempre demonstrava que, entre eles, só existia amizade. Ele não imaginava como acontecera o romance entre ela e Hendrick, por ser ele de uma família nobre, que jamais aceitaria aquele casamento, mas afirmava que esqueceria o acontecido para viver momentos inesquecíveis ao lado dela.

Depois do trajeto, ele se encontrou diante da casa de Veruska e bateu à porta.

– Que surpresa, Albert. Que bons ventos o trazem? – questionou.

– Se me permite, vim para concretizar meu pedido de casamento.

Ela o encaminhou até a sala da lareira. Mirka estava recostada em uma poltrona, alheia em seus pensamentos, quando ele gentilmente tocou-lhe os ombros:

– Albert! Não esperava vê-lo!

– Estou aqui para conversarmos.

Veruska os deixou sozinhos.

Albert sentou-se ao lado de Mirka e explicou:

– Voltei porque a amo, como já lhe disse. Desde que soube da sua situação, resolvi que tomaria uma atitude. Quero oficializar meu pedido de casamento!

Mirka ficou feliz, mesmo sendo ele um homem rude, demonstrava sentimentos que ela mesma não conhecia.

– Nem sei o que lhe dizer! Vai aceitar casar-se comigo mesmo sabendo que estou grávida de outro homem!

– Casarei e serei um bom pai para seu filho.

– Não tenho palavras diante do seu gesto.

Alegre e eufórico, ele beijou-lhe as mãos e relatou a conversa que tivera com Hugo. Pediu que ela pegasse suas coisas, pois iria levá-la de volta aos Dorth.

Agradecendo a tia, que chorava, comovida com a atitude de Albert, recebeu os votos de boa sorte e as bênçãos para que Deus abençoasse seu matrimônio.

A charrete tomou o caminho de volta e Albert comunicou-lhe os planos que tinha, queria tomar providências urgentes para a moradia deles.

Ao voltar à fazenda Dorth, Erika os recebeu com carinho e abraçou a filha, dizendo que Deus não a desampararia.

Naquela semana, Albert foi até a cabana, que era de sua família, e ficava em uma de suas terras. A cabana tinha um aspecto simples, mas agradável, e precisava de reparos.

Após deixar a cabana habitável, mobiliou-a e decorou para receber a esposa.

Naqueles dias antes do casamento, ele visitava Mirka regularmente, e lhe inteirava da reforma da cabana e dos preparativos na igreja.

Chegado o dia do casamento, as famílias e os fiéis participaram da cerimônia. Kall discursou sobre a responsabilidade do casamento, afirmando que a fidelidade e a união do casal eram agradáveis a Deus, e que os noivos seriam abençoados como bons fiéis que eram.

Todos foram parabenizá-los e, sem que ela esperasse, Beatriz Willickens falou baixo ao seu ouvido:

— Encontrou o pai do seu filho?

— Eu não menti, senhora!

Beatriz parabenizou Albert, deixando escapar um olhar de desdém à pobre fazendeira. Mirka calou-se, tinha de refazer sua vida, mesmo que ela a julgasse oportunista, tinha de pensar no filho que viria ao mundo, e achava que nada era mais importante que dar um lar àquela criança.

No fim da comemoração, os noivos rumaram para a cabana. Ela ficava entre as árvores, e uma vasta plantação de tulipas embelezava o terreno.

Mirka desceu da charrete e avistou uma Nogueira, que abrigava um esquilo em busca de alimentação. O cenário era calmo e a aparência da cabana acolhedora. Entrando na casa, ela observou que, apesar de simples, era muito confortável. No fogão a lenha já havia uma refeição pronta, feita pela mãe de Albert.

Mirka se sentiu acolhida, Albert estava atencioso, servindo-lhe a comida. Orava para que tivesse um bom casamento, e sentia-se grata por ter um bom marido, que superou as adversidades para ficar com ela.

A gravidez estava indo bem, e Mirka sentia-se calma depois do sofrimento causado pela morte de Hendrick. Albert não comentava esses assuntos, queria que a esposa deixasse para trás todas as lembranças e vivesse plenamente para o casamento. A sra. Dorth ia sempre visitá-la. Queria saber se tudo estava correndo bem, sentia-se grata por ter um genro de tão boa índole.

Os quatro meses finais da gestação passaram muito rápido. Mirka sentia as dores do parto e, rapidamente, Albert foi buscar a parteira. Anne era uma matrona experiente e cuidava da maioria das mães da região. Ao chegar, foi logo pedindo:

— Senhor Albert, traga-me toalhas e água quente!

Mirka sentia dores, uma perto da outra, isso era indicação de que a criança estava para nascer. Enquanto fazia força para expelir o feto, a parteira tentava distraí--la, comentando sobre outros partos que havia feito. A criança veio rápido ao mundo, e Anne exclamou:

— É um lindo menino, Mirka!

Lágrimas de emoção brotaram dos olhos da inexperiente mãe, que queria ver logo o rosto do menino:

— É alvo e tem os cabelos louros! — exclamou Mirka.

Logo após mãe e filho estarem cuidados, Albert foi chamado ao quarto:

— Está se sentido bem, Mirka?

— Sim, Albert, quer segurar o nosso filho?

— Não, Mirka! É tão frágil, tenho medo de machucá-lo.

Albert parabenizou a mãe pelo lindo filho e retirou--se do quarto, indo recostar-se na lareira. Estava inquieto, algo não estava bem, percebia que a chegada da criança lhe tirara o bom humor. Pensava ser a emoção do momento, e que isso logo passaria até se ajustar à nova situação. Mas seu pensamento insistia em lembra-se de Hendrick. Lastimava pelo fato de o filho não ser dele, estava enciumado, mas tentaria, com todas as forças, espantar os maus pensamentos.

No dia seguinte, Mirka recebeu a visita da família. Erika se encantou, e logo Hugo traçou planos para o neto.

Erika, sempre que possível, ia ajudá-la. Natasha, a irmã mais nova de Albert, hospedou-se na cabana para ficar com ela até o fim do resguardo. A criança estava forte e saudável, e se parecia, cada vez mais, com Hendrick.

Os pais de Albert também foram conhecer o neto, e acreditavam ser um verdadeiro Vollenhoven. Mirka estava sempre atenta à criança que, por ser tão frágil e delicada, requeria, a todo instante, a atenção dela. Em um desses momentos de carinho, ela pediu ao marido:

– Albert, venha segurar o pequeno, ele não é uma bênção?

– Desculpe-me, Mirka, tenho receio de segurá-lo.

Isso era mais uma desculpa, ele não queria contato com a criança, e se dessa forma se esquivava.

Mirka estava muito feliz por ter tido um filho, e ainda não notara a indiferença de Albert, mas, se a situação continuasse, por certo ela notaria que algo estava errado.

Natasha estava encantada com a criança, e sempre fazia gracejos com ela, convidando o irmão para participar. Mas Albert apenas esboçava um sorriso e sentia-se inseguro, sem saber se conseguiria amar o menino. Disfarçava para a esposa, pois sentia que a criança era indesejável, e isso vinha tomando vulto, sendo alheio a sua vontade.

Mirka expressou a vontade de que a criança tivesse o nome do avô paterno e, para isso, aconselhou-se com Albert, pedindo sua aprovação:

— Albert, gostaria de dar o nome de Dirk ao nosso filho. Você aprova?

— É um excelente nome; tem a minha aprovação.

Ele consentiu sem nada sentir. O seu coração estava endurecido, e ele lutava para disfarçar aquele sentimento. Pensava mesmo que o nome não faria a menor diferença, já que o filho não era dele.

Ela não percebia os sentimentos do marido, sua felicidade era tanta que a cegava. "Dirk era um nome forte", pensava ela. "E ele seria como fora seu avô: um homem inteligente, trabalhador e honesto." Mirka achava que se ele concordara com o nome da criança, dera uma prova de amor, porque não insistiu com outro nome.

Passado o resguardo, Natasha foi levada à família. Albert tinha muito trabalho na carpintaria e se ocupava de seus afazeres; quase não lhe sobrava tempo. Era um homem trabalhador e dava o exemplo aos empregados; Mirka não reclamava, e o admirava por isso, mas o real motivo de sua falta de tempo era afastar-se da criança. Mirka estava sozinha em casa e restabelecida.

Enquanto seu filho dormia, ela foi andar entre as tulipas para tomar a fresca. Achava belas as flores que, imponentes como rainhas, embelezavam a natureza. De repente, algo se moveu entre as tulipas, e apareceu um brilho intenso. Era Hendrick, em espírito. Ela se assustou, não o esperava, mas aguardou que ele se pronunciasse:

– Eu a amo, Mirka, amo também Dirk, e temo por sua felicidade.

– Está triste porque me casei?

– Não, Mirka, mas oro para que seja feliz, e que Dirk tenha um lar. – Ele balbuciou algumas palavras, e ela escutou sua voz ficar mais distante: – Tenho de ir, não posso mais ficar. – Assim, ele desapareceu entre as tulipas. Ficou uma sensação de paz e, comovida, Mirka suspirou:

– O que será que ele quis dizer com "temo por sua felicidade"?

Era como se Hendrick soubesse todo o seu futuro, lesse os pensamentos de Abert, e se contrariasse com o descaso com o pequeno Dirk. Mirka também se preocupava com as atitudes do marido. Albert era um bom homem, tinha muita vida pela frente.

Dissipando os pensamentos, ela se entristeceu. Sentia que ainda amava Hendrick, mas não era possível alimentar essa ilusão, porque estavam em dimensões diferentes. Ela continuaria a amá-lo, por meio de Dirk, mas seria uma ótima esposa, e faria de tudo para fazer o marido feliz.

Entrando na cabana, o filho ainda dormia, sua fisionomia angelical parecia muito com a do pai, ele seria a lembrança mais doce de Hendrick, mas não contaria isso ao marido; tinha de respeitá-lo, e amá-lo, como prometera a Kall. Deus abençoara seu casamento, e ela faria de tudo para que desse certo, espantaria os pensamentos do passado e viveria os bons momentos atuais.

Assim faria, como prometera no juramento da cerimônia de casamento.

Era hora do almoço, Albert chegou a casa. O leitão com batatas exalava um cheiro bom e agradava ao paladar. Mirka tirou-lhe as botinas para que ele descansasse os pés. Após, ele lavou as mãos, sentou-se à mesa e saboreou o alimento com apetite. Ele estava com um macacão de sarja, próprio para trabalhar na carpintaria. Andava calado, demonstrando cansaço. Naquele momento, ambos ouviram o choro de Dirk, que acordou e solicitou os cuidados da mãe. Aborrecido, Albert, irritado, chamou a atenção da esposa:

— Vá cuidar do pequeno, Mirka, esse choro está me incomodando.

Dirigindo-se à criança, ela o amamentou e percebeu que o marido estava zangado. Sem compreender, ao voltar, questionou:

— Está aborrecido com Dirk, Albert?

— Não, claro que não, apenas um pouco cansado, dormi mal à noite.

— Hoje, antes de dormir, vou lhe fazer um chá calmante.

Ele ouviu, mas ficou quieto; comeu vagarosamente e, logo em seguida, despediu-se da esposa, porque tinha de voltar ao trabalho. Mirka acreditou que fosse apenas o cansaço dos afazeres, porque ele não recusava serviços, queria muito crescer financeiramente para dar o melhor à sua família; assim, ela o desculpava, sem perceber o verdadeiro motivo que o levava a agir daquela forma.

Ela vagava com seus pensamentos, e novamente lembrou-se de Hendrick. Estava feliz por vê-lo, e gostaria de contar a alguém sobre suas visões, mas temia o descaso das pessoas incrédulas, e talvez despreparadas, para entender o mundo dos espíritos.

Desde criança ela sentia a paranormalidade, mas, sendo rejeitada pela igreja, não tinha em quem se apoiar. As pessoas de sua família, muitas vezes, criticavam-na, porque entendiam que os mortos não voltavam. Ela lembrava ainda que, um dia, andando na plantação dos Dorth, encontrou um senhor idoso. Ele surgiu do nada e prostrou-se à sua frente. Ela entendeu que era uma visão e o ouviu:

— Bela menina, pode me dar alguns legumes para levar aos meus netos?

— Leve-os, senhor, tem minha permissão.

Após levar o cesto com legumes, ele desapareceu envolto em uma névoa. Na época, ela contou à mãe, mas esta a repreendeu, dizendo que o povo seria cruel com ela se tivessem conhecimento daqueles fatos, "porque os mortos dormem". Era essa concepção da sua igreja, e ela temia ser criticada pelos fiéis, mesmo porque, naquela época, o entendimento sobre a vida dos espíritos era quase nulo. Ouviam-se rumores sobre reencarnação. Mas algo completamente inaceitável a maioria; por isso ela guardou para si muitas visões. Agora, Hendrick era o elo que a ligava ao mundo dos mortos.

A vidência natural desde criança a fez acreditar nos espíritos e distinguir as visões de ilusões da mente. Algumas pessoas, que tinham vidência, eram tomadas por doentes e desequilibradas, então, ela se guardava das especulações. Sentia que Hendrick vinha para proteger Dirk e ajudá-la a superar as dificuldades.

Hendrick era uma pessoa especial, mesmo depois de sua morte, ele se preocupava com seu bem-estar. "Talvez ainda tivesse muitas visões dele", pensava. Acreditava que quando Albert se apegasse ao menino, Hendrick sossegaria, pois devia sofrer por ver a rejeição de seu filho pela sua própria família. Ela tinha fé de que tudo iria melhorar quando o esposo, finalmente, resolvesse cuidar de Dirk como seu próprio filho.

Capítulo 4

As dificuldades dos Dorth

Após as reflexões, o entendimento espiritual que aflorava lhe dava novas forças para sentir-se protegida pelo espírito de Hendrick. Voltando à realidade, Mirka foi cuidar dos afazeres, quando um ruído na porta chamou-lhe a atenção

– Posso entrar, Mirka?

– Claro, mamãe, sinta-se em casa!

Após acariciar o neto e colocá-lo no berço, ela demonstrou preocupações, o que colocou Mirka em alerta.

– O que foi, mamãe? Parece-me bastante preocupada!

– Seu pai necessita comprar os grãos para o plantio, pouco sobrou da colheita anterior, e não temos recursos para essa urgência.

Mirka cogitou pedir ajuda a Albert, mas sua mãe rejeitou a ideia; não queria levar preocupações ao genro, achava que Deus não tardaria e, de alguma forma, solucionaria o seu problema. Mas Mirka insistiu, e fez sua mãe ir embora com alguma esperança de solução.

Chegando a casa, Albert beijou-lhe a face, e eles conversaram sobre assuntos relativos ao cotidiano. Mirka, abrindo o coração, explicou ao marido a dificuldade dos pais. Ele não demonstrou qualquer sentimento, e disse que seu dinheiro estava empregado na compra de madeiras; argumentou estar com poucas reservas, apenas para o necessário. Ela sentiu uma ponta de decepção; queria que ele compreendesse e fizesse o possível para ajudar sua família, mas fez reserva quanto aos seus pensamentos.

Tentando amenizar o silêncio que se formou, ele prometeu pensar no assunto, e disse que, havendo qualquer modificação na situação, iria avisá-la.

Na manhã seguinte, quando Albert foi à carpintaria, ela foi ao campo e, em meio às tulipas, esperava encontrar Hendrick. Mas ele não apareceu desta vez. Ela voltou decepcionada. Para o seu casamento, seria melhor assim; a presença de Hendrick fazia com que ela relembrasse o intenso amor que tivera por ele.

No casarão dos Willickens, Beatriz conversava com o marido e falava sobre o nascimento de Dirk. Afirmava que Mirka era uma impostora.

Ludvig não tinha tanta certeza disso e argumentava um fato ocorrido:

— Nosso filho pediu-me a caixinha de música que fora de minha mãe para dar de presente a uma pretendente. Quem sabe não era Mirka? Se estiver com ela, isso pode provar que Dirk é nosso neto.

— Não pense assim, Ludvig, isso apenas prova que ela era uma oportunista, e que estava atrás da fortuna de Hendrick.

Mas Ludvig era um homem bom, colocava sempre o coração antes da razão, e isso não o convenceu, ele tinha dúvidas, e achava que deveria procurar a verdade, mas não queria magoar a esposa, que não havia se refeito da trágica morte do filho.

Como Beatriz mostrou-se zangada, e achava que isso mudaria a imagem de Hendrick, o sr. Willickens resolveu encerrar o assunto, falando da saudade que sentia de Karla, que estava em Paris, completando seus estudos. No mesmo instante, Beatriz abriu uma carta que recebera da filha e relatou ao marido os últimos acontecimentos.

***

Já se passara um mês desde a conversa com Albert sobre a necessidade dos Dorth, mas ele não tocara mais no assunto, demonstrando que isso não o preocupava. Sempre alheio e distante, era como se estivesse com a cabeça cheia de problemas.

De repente, Dirk chamou a atenção da mãe. O pequeno olhava insistentemente para o lado e sorria, como se estivesse vendo algo, ela pensou na possibilidade de também o bebê já ter o dom de ver os espíritos; e, quem sabe, não seria Hendrick que teria ido visitá-lo? Mas, logo, ela foi desviada de seus pensamentos pelo marido que chegava para o almoço.

Ela serviu a mesa com uma comida apetitosa, e pensou que as atribuições do trabalho e a falta de capital do marido impediam-no de realizar maiores empreitadas.

Ela aproveitou a presença dele e comentou novamente a necessidade da família para comprar os grãos, mas, com desculpas, ele afirmou estar sem condições de ajudá-los.

Ela sentiu um nó na garganta. A comida descia devagar, os olhos marejaram de lágrimas, mas precisava disfarçar, não queria criar aborrecimentos. Sentia que se ele se esforçasse, resolveria o problema dos Dorth, pois para ele a quantia não era tão significante, uma vez que seus negócios estavam cada vez melhores, e a clientela aumentava a cada dia.

Após o almoço, sua mãe a visitou e, ao tomar um chá, Mirka participou a decisão de Albert à Erika. Esta, por sua vez, pediu à filha que não se preocupasse, alguma outra medida seria tomada e tudo se resolveria.

Mirka abasteceu uma cesta com guloseimas, que ofereceu à mãe para levar aos irmãos, e a acompanhou até a charrete, que partiu rumo à estrada.

Mirka chorou muito. Não estava fácil levar o casamento, porque não amava Albert o suficiente para suportar suas esquisitices, bem como o silêncio e a distância que, às vezes, os separavam. Sentia uma dor enorme ao ver os pais sem recursos e sem os grãos para o plantio. A dificuldade aumentaria, e ela temia que esse fato prejudicasse ainda mais sua família.

Aquela noite não conseguiu dormir; a preocupação atormentou seus pensamentos. Enquanto o marido dormia, ela sofria e pensava numa maneira de ajudar a família. Pedia a Deus que a amparasse e lhe mostrasse um caminho.

No dia seguinte, levantou-se cedo e preparou o dejejum. Dirk chorou e ela o acudiu, enquanto o marido reclamou:

— Esse menino chora muito, e não permite que você me dê a atenção devida.

— Está com ciúmes, Albert?

Ele disfarçou, tentando explicar que o motivo de sua reclamação era o esgotamento do trabalho.

Ela insistiu para que ele pegasse o bebê, colocando-o em seu colo. Ele sentiu que não iria conseguir amar a criança e a devolveu em seguida, desculpando-se pelo horário.

Mirka estava atarefada com os fazeres da casa quando alguém bateu à porta. Ao abrir, certificou-se que, ali, prostrada em sua frente, estava a sra. Willickens.

— Entre, Beatriz, não repare na simplicidade da minha morada.

Entrando, a sra. Willickens sentou-se em uma poltrona:

— Vou ser bastante objetiva. Quero saber se está com a caixinha de música que era peça rara de nossa família.

— A caixinha? Sim está comigo, ganhei de Hendrick no último Natal.

Beatriz afirmou não acreditar em nada que ocorrera entre eles e deixou claro que fora lhe fazer uma proposta:

— Quanto quer pela caixa de música?

— Ela não tem preço, é a única recordação que tenho de Hendrick.

— Fiquei sabendo que sua família precisa de grãos para o plantio, ofereço a quantia necessária para que os ajude.

— Senhora Willickens, é com muita dor que aceitarei sua oferta.

Beatriz prometeu voltar no dia seguinte com o montante do dinheiro e saiu pela porta satisfeita, não queria que Mirka tivesse algo que pertencera a seu filho.

Aquela noite foi terrível para ela, ia se desfazer do único objeto que tinha recebido de Hendrick, mas sua família necessitava muito. E, por isso, deixara que

Beatriz levasse a melhor, e ainda ouvira dela os seus desaforos sobre a desconfiança que tinha em relação ao romance com o jovem Willickens.

No dia seguinte, conforme o combinado, Beatriz levou a quantia e Mirka devolveu-lhe a caixinha de música com lágrimas nos olhos. Mas ela não se comoveu, dando-lhe as costas e retirando-se imediatamente.

Foi um difícil preço a pagar, mas o dinheiro iria salvar a família da ruína.

Quando Albert chegou para o almoço, ela pediu a ele que a levasse para ver sua mãe, pois tinha sonhando com a família e tinha receio de que alguém estivesse doente.

Após degustar a comida saborosa que Mirka lhe ofereceu, Albert a levou para a fazenda dos Dorth.

Ao chegar, foram recebidos por Erika, que os convidou a entrar. Contudo ele, desculpando-se pelo trabalho, foi embora e prometeu buscá-la após o expediente.

A mãe recepcionou a filha e o neto com carinho, seus irmãos apressaram-se em abraçá-la. Ela sentia falta da casa e da família; embora humildes, haviam lhe proporcionado dias felizes.

Retirando o dinheiro de sua bolsa, entregou-o à mãe, que, grata, disse:

– Albert é tão generoso!

– Mamãe, não foi o Albert que me deu. Essa quantia me foi dada pela sra. Willickens.

Ela relatou a visita de Beatriz e contou sobre o dinheiro que ela pagara pela caixinha.

Erika percebeu que ela queria a caixinha a qualquer custo, esse era o seu objetivo.

Mas sentia pela filha, que fez aquele sacrifício pela família. Nesse momento, Erika fez uma pergunta sugestiva:

– O que diremos a seu pai?

– Diga-lhe que foi Albert quem proporcionou essa alegria, e que ele não o deve agradecer, pois Albert poderia sentir-se ofendido.

Essa era a única maneira que faria Hugo aceitar o dinheiro. Sua mãe a abençoou e, mais à tarde, o marido foi buscá-la para retornarem à cabana.

No percurso, Mirka comentou a felicidade de estar com a família e a tarde agradável que passaram juntos.

Ao chegar, colocou o filho para dormir e, logo após, foi se deitar, mas não conseguia parar de pensar em Beatriz. Naquele exato momento, a mãe de Hendrick estava comentando sobre Mirka, dizendo que não se conformava com a atitude dela de ceder a caixinha por dinheiro.

Ela relatou ao marido toda a cena, e ele disse:

– Talvez tenha sido por necessidade.

Mas isso não a convenceu e ela continuou desconfiada, achando a jovem interesseira.

Convencida de que Mirka estava atrás da fortuna do filho, Beatriz lhe dedicou vários adjetivos. Depois de muito falar, Ludvig manifestou sua impressão:

– Ainda tenho dúvidas. Não se amargure, querida, nada disso trará nosso filho de volta.

Ele argumentava quanto à possibilidade de a criança ser seu neto, mas, em tom nada generoso, ela retrucou:

– Ainda me dará razão, logo perceberá que essa jovem não nos merece.

Após a conversa ter se alongado, Ludvig disse à esposa que a hora era avançada e que pretendia ir se deitar. Ela preferiu permanecer no recinto, remoendo pensamentos negativos sobre a pobre jovem, que estava alheia àqueles sentimentos.

Surgiu um novo dia para Mirka. Após o marido sair para o trabalho, ela foi para a plantação de tulipas em busca da aparição de Hendrick. Após chamar o seu nome várias vezes, e constatar que ele não viria, retornou à cabana.

Enquanto isso, na fazenda dos Dorth, Hugo estava radiante de contentamento; carregava sacos com os grãos para o plantio. A família foi plantar a terra e esperariam a melhor colheita, que os ajudaria a sobreviver.

Existia, agora, uma nova esperança para eles, e Mirka tinha sido o anjo bom que estendera as mãos no momento de dificuldade.

O tempo passou, Dirk já estava com seis meses e demonstrava ser muito esperto. Por vezes, Mirka o surpreendia olhando para o vazio, como se alguém estivesse olhando para ele. Em determinado momento, o espírito de Hendrick se materializou e a cumprimentou:

— Venho sempre ver nosso filho!

Ela derramou lágrimas em seu rosto, gostaria de tocá-lo, mas estava imóvel e não conseguia se expressar. Ele beijou o filho, deixando a certeza de que iria protegê-lo sempre. Isso a fez sentir-se mais forte, pois notava que o marido se esquivava da criança.

CAPÍTULO 5

A outra face de Albert

Naquela noite, Albert chegou a casa para o jantar demonstrando um semblante frio e mal-humorado. Não era a primeira vez que isso acontecia, mas parecia que ele tinha algo a dizer e, num determinado momento, ele soltou:

– Por que você ainda não engravidou? Quero ter o meu filho.

Ela se surpreendeu com a indagação. Ainda achava que ele se entenderia com Dirk, mas depois desse fato o seu coração se inquietou:

– Ainda é muito cedo, Dirk ainda é muito pequeno.

Ele se calou e ela percebeu que Dirk não o comovia; ele queria ter um filho natural. Ela sabia que não seria fácil conviver com Albert. A cada dia que passava ele perdia o encanto e se tornava mais egoísta.

Mais tarde, na quietude do quarto, enquanto ele dormia, Mirka chorou baixinho e, decepcionada, desejou que seu filho tivesse um pai de verdade, e não só diante das pessoas que desconheciam seu segredo. Queria um homem que amasse o seu filho como se fosse dele próprio.

O dia seguinte era um domingo, e eles foram para a igreja. Lá encontraram a família de Albert. Natasha abraçou o sobrinho e o encheu de carinhos. Era uma criança adorável, risonho e alegre, qualquer um amaria Dirk, menos Albert, que já não conseguia disfarçar sua indiferença.

Natasha insistiu que Albert o segurasse nos braços, mas ele se negou, deixando a irmã sem entender, e desculpando-se dizendo que mais tarde o faria.

Kall, que tudo observava, notou que o clima estava tenso. Percebeu no olhar de Mirka o desgosto e a tristeza.

Após o sermão, Kall chamou Albert para uma conversa em uma sala reservada. Ofereceu uma cadeira para que ele se sentasse ao seu lado, para melhor dialogar:

– O que houve, Albert? Você não está se dando bem com o menino?

– Ele me traz a lembrança de Hendrick, penso que não consigo perdoar o erro de Mirka, e a criança é a prova viva da traição.

– Isso não é caridoso, Albert, prometeu-me que o trataria bem, como seu filho.

— Estou me esforçando, Kall, mas Dirk está colocando uma barreira entre eu e minha esposa.

Kall o aconselhou a repensar, e o orientou a orar, porque, por meio da oração, Deus o aliviaria.

Mirka aguardou o marido, que retornou acompanhado. Após cumprimentá-la, o pastor tomou a criança nos braços, afirmando ser uma bênção de Deus.

De volta à cabana, Mirka ficou em silêncio, enquanto o marido se distraía com um artigo, disfarçando a indiferença notória em seu rosto.

Muitos meses se passaram. Dirk com mais de um ano de idade já caminhava pela casa, trocando seus passinhos incertos. Enquanto Mirka esforçava-se para fazê-lo andar, Albert apenas observava, sem trocar elogios ou fazer comentários.

A atitude dele era incompreensível para Mirka; ele era completamente frio e alheio com a indefesa criança. Carregando o filho no colo, ela saiu da cabana e foi caminhar entre as tulipas. Sempre que se entristecia ela agia assim, tentando achar respostas e um caminho para a sua convivência infeliz. Muitas vezes, tentava encontrar Hendrick, mas isso não vinha acontecendo. A primavera já chegara novamente e o colorido das flores saltava aos olhos de Dirk, que sentia prazer em segurá-las.

Albert já havia saído para o trabalho e ela retornou à cabana. Poucos minutos depois, recebeu uma visita inesperada:

— Como está, Mirka? É seu filho?
— Bem, sr. Ludvig, este é Dirk!
Ludvig em sua expressão facial demonstrou felicidade, e seus braços envolveram o menino, tomando-o para si:
— Lembra-me Hendrick quando pequeno.
Nesse momento, uma luz envolveu a ambos; era o espírito de Hendrick agindo naquele encontro.
— Sim, sr. Ludvig, pena que a sra. Willickens não pense o mesmo.
— Tem razão, Mirka, só o tempo poderá esclarecer.
Ludvig lembrou-se de Hendrick nos tempos de criança, quando a felicidade imperava; como era um menino esperto e agradável, ele fazia todas as suas vontades. Seus olhos marejaram de lágrimas.
Após longo tempo de conversa, ambos resolveram guardar segredo sobre o encontro, pois Beatriz e Albert não aprovariam a amizade. Ludvig a fez prometer que o avisaria sobre qualquer dificuldade, mesmo porque ninguém deveria saber a verdade sobre Dirk. A comunidade da igreja e os pais de Albert acreditavam que ele era filho do casal, e isso causaria transtornos à sua vida de casada.
Ao se despedir, Ludvig abriu um sorriso; acariciou o neto, que pela primeira vez recebia um carinho paternal. Era a lembrança de Hendrick que estava presente naquele momento.

Após a saída de Ludvig, ela, carregando o filho no colo, caminhou pela plantação de tulipas, quando algo se moveu. Era Hendrick, que expressou sua felicidade:
— Estou orgulhoso de papai!
— Eu também estou, nosso filho merecia essa atenção. Não vá embora, fique mais um pouco.
— Existe um processo para minha aparição, são poucos segundos, desculpe-me!
Ele desapareceu no ar. Mirka não conseguiu entender por que não era possível ele ficar muito tempo; todas as vezes que aparecia, sumia rapidamente.
Mirka voltou à cabana e, no fogão a lenha, preparou o almoço para Albert, que chegou no horário costumeiro.
Com um ar desconfiado, indagou:
— Alguma novidade?
— Não, nenhuma.
— Nenhuma novidade? Andrew viu o sr. Ludvig aqui!
Andrew trabalhava com Albert, era o seu ajudante, um homem que bisbilhotava a vida dos outros.
Ela estava desconcertada, enquanto ele falou em tom descontrolado:
— Ele veio conhecer o neto? E você confirmou a paternidade?
— Confirmei, mas ele me deu sua palavra que guardará o segredo.
Enfurecido, ele agrediu Mirka, deixando-lhe alguns hematomas.

Ela não conseguiu entender aquela atitude. Viu nele um homem agressivo e ignorante, vestia uma pele de cordeiro, mas era um lobo com dentes afiados. Ela não conteve o pranto, estava totalmente atônita e desconsolada.

Após se dar conta do que fizera, e controlando a raiva, ele se desculpou:

— Perdoe-me, eu perdi a cabeça, isso não acontecerá de novo.

Depois, saiu de casa, enquanto Mirka ficou com seu sofrimento. Prometeu a si mesma que não contaria a ninguém sobre a agressão. Ele lhe disse que não a agrediria mais, e qualquer intervenção poderia piorar a situação. Ela cuidaria daquele assunto sozinha e encontraria uma solução.

À noite, Albert voltou para casa e novamente pediu à esposa que o desculpasse.

— Mirka, perdoe-me. Perdi o controle. Eu prometo que isso não irá se repetir.

— Não falaremos mais nesse assunto, eu tentarei esquecer.

Os dias transcorreram, porém nunca mais o clima entre ela e Albert foi o mesmo. Contudo, ela estava disposta a levar seu casamento até o fim; encontrava-se resignada e não conseguia enxergar o futuro.

Dirk já estava com dois anos. Às vezes Ludvig ia visitá-lo, e sempre tinha o cuidado de aparecer em horários oportunos, longe dos olhares de Andrew, porque Albert jamais a perdoaria se soubesse das visitas do avô de Dirk. Ele nem desconfiava da violência de Albert e da infeliz vida que Mirka tinha ao seu lado. E, assim foi transcorrendo, até que certa noite, ao chegar do trabalho, Albert lhe contou sobre os negócios:

— Preciso de madeiras, irei até a fazenda dos Schulten e demorarei uns três dias para preparar a remessa.

Era importante fazer a viagem, pois estavam no outono, e ele precisaria agir rápido antes que o inverno chegasse. Entre o calor da conversa, ele contou que a levaria para a fazenda dos Dorth, até seu regresso.

No dia seguinte, bem cedo, Albert a levou, com Dirk, à fazenda, onde foi bem recebida por todos. Erika estava emocionada, iria estar mais perto de sua filha e do neto, e matariam a saudade de outros tempos.

Sua mãe notou seu abatimento e procurou saber o que estava acontecendo, mas Mirka disfarçou, dizendo estar tudo em perfeita ordem. Mirka não queria preocupá-la, então, atribuiu seu abatimento ao cansaço de uma mãe novata, que tem muitos deveres e cuidados.

Elas colocaram a conversa em dia, e Mirka demonstrou preocupações com a família, mas Erika comentou que a colheita havia sido farta, e que havia sobrado muito grão para o plantio.

Mirka sentiu falta dos irmãos, que tinham ido à lavoura ajudar Hugo.

Gostaria de ajudá-los financeiramente, mas Albert era muito econômico e guardava dinheiro para o futuro. Erika achava certo o marido se preocupar: "O homem ajuizado cuida da família", argumentava. Após um tempo, ela foi ao galinheiro pegar ovos, para ajudar a mãe no preparo do almoço e, chegando lá, deitou-se no feno e relembrou em voz alta:

— Como o amei, Hendrick. Eu ainda o amo!

Lembrava-se da caixinha de música, e a dor de desfazer-se dela por necessidade. Isso a fez chorar e aflorou sua sensibilidade.

Ao retornar a casa, Mirka disfarçou o rosto molhado pela emoção das lembranças.

Ao preparar o almoço, enquanto Erika cuidava do neto, ela sentiu saudades dos velhos tempos. Era bem melhor viver com a família, seu casamento tinha sido um erro.

Ludvig estava em casa naquele momento, e ficou sabendo, por empregados, que Mirka e o filho estavam na fazenda; ele ainda não havia comentado nada com Beatriz, mas isso o sufocava, e, então, resolveu contar:

— Mirka está na fazenda com o filho.

— Por que se preocupa, Ludvig?

Eu fui conhecê-lo, ele se parece com nosso filho quando pequeno.

Ela, contrariada, disse que eram alucinações de sua mente, pois não acreditava na história da jovem fazendeira; e pediu a ele que pensasse com clareza, pois a oportunista poderia tirar proveito da sua ingenuidade. Ele se defendeu dizendo que não tinha tanta certeza, como ela, mas que, após conhecer Dirk, ela mudaria de opinião. Mas Beatriz estava cega e não quis mais ouvi-lo.

Após essa conversa deixando-a, ele se locomoveu até os Dorth e foi bem recebido por Erika:

— Como vai, sr. Ludwig?
— Bem! Bom dia, posso entrar?
— Bom dia! Entre. Não faça cerimônias, e seja bem-vindo em nossa casa.

Após Mirka cumprimentá-lo, e trazer Dirk diante dele, o menino esboçou um sorriso e, a passos largos, foi ao seu encontro; e sem que ninguém esperasse ele soltou a fala:

— Vovô!

Willickens emocionou-se, beijou a criança, acariciando seus cabelos, e expressou o mais sincero sentimento:

— Belo menino!

Após servir-se de uma xicara de chá e conversar coisas do cotidiano, ele se despediu, especialmente de Dirk, o afagou, demonstrando muito carinho.

Foi uma grande emoção para Mirka. Mãe e filha perceberam que ele aceitara o menino como neto, e isso massageou o coração dolorido da jovem mãe.

Erika pediu à filha que tomasse cuidado e escondesse isso do marido, caso contrário, seu casamento seria abalado. Mirka explicou que aquele segredo estava guardado entre ela e Ludvig. O pai e os irmãos chegaram da lavoura e se alegraram em vê-la, apressando-se em abraçá-la.

Hugo perguntou sobre o marido, e ela contou sobre a sua viagem para comprar madeiras. Seu pai parecia bem satisfeito com sua presença, não restavam mágoas do passado, quando sua gravidez o abalara.

Havia amor entre a família, e era bom sentir aquela vibração de carinho, que os cercava e lhes restaurava as forças.

Os dias passaram depressa, e, logo, Albert foi buscá-la. Ele estava com saudades de Mirka, e a tratou bem por aqueles dias. Tentava se redimir das atitudes que tivera com a esposa.

Capítulo 6

A segunda gravidez de Mirka

A rotina de Mirka era sempre a mesma, tentava esquecer a grosseria de Albert, que a agrediu, com ciúmes de Ludvig. Com o passar dos dias, ele estava mais amoroso, tentando reconquistá-la.

Albert queria muito um filho, e continuava alheio à presença de Dirk. Isto a magoava, mas ela pensava que teria de suportar para que, quando nascesse o filho de Albert, ele reconsiderasse, e aceitasse Dirk, e ambos fossem criados sem diferenças. Os dias transcorriam na mais perfeita harmonia e Mirka resolveu que deveria esquecer o incidente com o marido; estava disposta a lutar pelo seu casamento.

Num desses dias, Mirka levantou-se com muito enjoo, e Albert se preocupou:

— Sente-se mal, Mirka?

— Sim! As minhas regras me faltaram.

— Será desta vez, Mirka?

Ela achava que estava grávida, e Albert explodiu de alegria, prometendo que seria um excelente marido, pois ter um filho era seu maior sonho. Mas quando Albert chegou ao trabalho, Andrew o envenenou, falando sobre a visita de Ludvig e criando intriga para o casal. Quando ele foi almoçar, seu humor já não era o mesmo. Ele destratou a esposa e desconfiou da relação dela com o sr. Willickens. Ela não se conformou com essa suspeita, afirmando ser, Ludvig, uma pessoa íntegra, e incapaz de tal absurdo, mesmo porque era avô do seu filho.

Ele desconversou e, irritado, voltou ao trabalho, deixando-a amargurada, com o infundado ciúme do marido.

A situação entre eles estava se tornando insuportável, ela era uma pessoa correta, e jamais trairia a confiança do esposo.

Naquela noite, mal trocaram algumas palavras. Era insuportável viver assim e ela resolveu que teria uma conversa com Albert no dia seguinte.

Pela manhã, ainda mal-humorado, ela pediu que ele a ouvisse:

— Sinto que pessoas maldosas lhe envenenaram e o fizeram criar uma situação que não existe.

— Não quero falar sobre o assunto.

Mirka pediu que ele chamasse Andrew para uma conversa. Gostaria de esclarecer a confusão, assim não deixaria dúvidas sobre sua conduta.

Ele achou que seria melhor não criar mais polêmicas, e aceitou a palavra da esposa. Assim, resolveram esquecer o assunto.

Andrew era uma pessoa amarga e desconfiada, tinha uma estatura alta, cabelos escuros, olhos esverdeados, esguio e maledicente. Ele foi casado com uma senhora de boa família, mas ela se apaixonou por um estrangeiro, que seu tio, que morava próximo à sua residência, tinha como hóspede.

O amor foi fulminante, e ela deixou Andrew, partindo para o Líbano. Andrew ainda se atormentava com o episódio. Ele queria ter muitos filhos com a esposa, mas o sonho se desfez, deixando-o amargurado, e, por isso, ele via maldade em tudo, bisbilhotava a vida alheia e achava defeito em tudo. Albert o conhecia desde a infância, e viu o seu sofrimento. Andrew estava sempre o aconselhando a vigiar Mirka, porque achava que a prudência nunca era demais, e pedia para Albert se cuidar, pois também poderia acontecer, com ele, o mesmo fato ocorrido em sua vida.

Albert já era ciumento por natureza, e com o amigo enchendo seus ouvidos com desconfianças, isso acirrava ainda mais o seu temperamento, que era violento e nervoso.

Mirka também conhecia a história de Andrew. Eles se conheciam desde a infância, o via principalmente na igreja aos domingos, quando todos se encontravam com

Kall para ouvir o sermão. Ela continuava querendo conversar com Andrew para tirar a desconfiança dele em relação a Ludvig, mas não queria desobedecer Albert, e deixou que o assunto se encerrasse, porque a desconfiança era infundada, e a verdade sempre aparecia nessas intrigas.

Ludvig estava totalmente alheio àqueles boatos, e tentava protegê-la no que fosse preciso. Ele sequer sonhava com tudo aquilo, apenas se preocupava com Dirk e queria muito que Beatriz reconhecesse o neto.

Com o tempo a situação se acalmou e Mirka pôde respirar aliviada. Os meses passavam depressa, o domingo prometia paz para a sua inquietude. Kall apresentou o sermão e, após o término, foi conversar com o casal:

– Tem passado bem da gravidez, Mirka?

– Sim, Graças a Deus! Já estou com sete meses.

Albert se isolava e desconversava, dizendo ao pastor que estava com dor de cabeça e pensava em retornar a casa para tomar um remédio. Ludvig e Beatriz também foram à igreja. O sr. Willickens cumprimentou o casal, sem saber que isso despertaria ciúme em Albert.

Ao chegar a casa, Albert estava enfurecido, e desconfiava que as pessoas iriam rir nas suas costas, e diriam que o filho que Mirka esperava não era dele. Albert dizia coisas sem nexo e demonstrava desequilíbrio. Num dado momento, ele espancou a esposa e chutou sua barriga, deixando-a com muitas dores.

À tarde, naquele dia, a parteira foi chamada, e se surpreendeu, porque Mirka tinha dores do parto. O bebê nasceria prematuro e, assim, Anne se preocupou:

— Está com muitas dores, Mirka?

— Sim, elas estão aumentando, como se o bebê fosse sair.

— Fez algum esforço ou levou algum tombo?

— Não! — disse, escondendo a agressão.

Anne preparou-lhe um chá, com folhas que seguravam o parto e tentou lhe aliviar os sintomas, mas, à noite, o aborto aconteceu.

Anne tomou todos os cuidados com a mãe. Limpou o recinto e embrulhou o feto, em um lençol. Ao sair do quarto, a parteira informou sobre a morte do menino, lamentando muito e pedindo ao pai que enterrasse o feto no quintal. Ele se apossou friamente do embrulho e foi enterrá-lo debaixo de uma Nogueira.

Anne percebeu que algo não estava bem; assim perguntou a Mirka:

— Albert me parece indiferente a essa situação, está acontecendo alguma coisa?

— É assim mesmo que reage quando fica nervoso.

Anne não desconfiou de nada. Logo, Albert entrou em casa com um péssimo aspecto, e a parteira tentou amenizar a situação:

— Vocês são muito jovens, ainda terão muitos filhos. Não se entristeça, sr. Albert.

Ele lhe agradeceu e, como era muito tarde, pegou sua charrete e levou-a para casa. No trajeto, ficou calado, parecia transtornado. Anne se dispôs a ajudá-los no que fosse preciso; nem sequer sonhou com o que ocorria de verdade.

Mirka estava sozinha com seu sofrimento, enquanto Dirk dormia, alheio aos fatos. Ela se lamentava com a triste cena.

Ficou pensativa com sua dor e, quando menos esperava, Hendrick se materializou. Mas ele não estava sozinho e disse:

– Sinto muito pelo acontecimento trágico, Mirka. Este é meu superior, ele veio para curá-la e afastar os maus espíritos.

Era um senhor de meia-idade, cabelos grisalhos, um rosto angelical, que tinha suavidade na voz.

Estou a serviço de Deus, e venho orar para que se cure logo e para afastá-la dos maus espíritos.

O senhor relatou que a negatividade de Albert atraía seres invisíveis, que o atormentavam, e lamentou quanto ao aborto. Após orarem, eles desapareceram, deixando uma sensação de paz, que suavizou sua alma, perturbada pelos últimos acontecimentos. Mirka sentiu-se grata pela presença de Hendrick e de seu superior. Ela acreditava que Hendrick estaria sempre por perto para protegê-la das crueldades do marido. Logo depois a porta rangeu e Albert entrou, sem pronunciar uma única palavra. Ele pegou uma coberta e foi acomodar-se na sala, em uma poltrona, no calor da lareira.

Pela manhã, Mirka sentiu-se mal. Além das dores físicas, ainda lhe doía o espírito. A atitude de Albert, que a fez perder o filho, era incompreensível. Ela pediu que ele buscasse Erika para que cuidasse dela, e ele prometeu ir buscá-la. Ele preocupou-se com o que ela iria contar à mãe e a preveniu. Mirka prometeu-lhe que não iria dizer nada, mas falou que precisava urgentemente dos cuidados da progenitora.

Erika Dorth foi prontamente ajudar a filha, que se sentia muito fraca. Ao entrar no quarto, beijou-lhe e a consolou:

– Querida, foi uma perda horrível, mas Deus quis assim.

Albert a olhou e insinuou para que ela se calasse; e foi o que ela fez, apenas chorou pela perda do pequeno. Agora teria de tomar cuidado, pois Albert estava se mostrando extremamente violento. Ela não sabia do que ele seria capaz. Tinha medo que descontasse sua fúria em Dirk, que ainda era muito pequeno para se defender das agressões de um homem descontrolado e incapaz de amar.

Durante alguns dias, Erika foi ajudar a filha e cuidar de Dirk; até que ela se restabeleceu. Mirka voltou à sua rotina. Não conseguia compreender a atitude de

Albert, chorava pelos cantos e sentia que vivia um pesadelo do qual queria acordar.

Dirk estava se desenvolvendo rapidamente, era a única alegria que tinha. Sentia-se feliz ao vê-lo tão bem e ao saber que Ludvig o aceitava como neto. Queria muito que Beatriz também reconhecesse Dirk, e orava para que o coração dela amolecesse. Apesar de estar melhor do aborto que sofreu, ainda sentia recaídas. Quanto a Albert, ele pouco se importava, continuava se esquivando de Mirka, e parecia que não sentia nenhum remorso. Era difícil imaginar o temperamento dele, porque somente a convivência é capaz de revelar o perfil de uma pessoa. Albert demostrava desvios de personalidade, e chegava a ter um mau instinto, porque era obsidiado por espíritos que o perturbavam. Isso, associado ao péssimo gênio, o tornava um homem inconsequente e mesquinho.

Dirk, com sua doçura, não conseguia conquistá-lo, porque o padrasto via no pequeno a lembrança de Hendrick, e isso o perturbava, deixando-o de mau humor. Era incapaz de perdoar Mirka por seu deslize. Estava insuportável viver aquela união, mas ela teria de ser forte e sobreviver ao lado dele.

Algumas vezes, ele conversava com Mirka, como se nada tivesse acontecido, e queria a atenção dela. Por sua vez, a jovem esposa tinha de engolir todos os infortúnios que ele havia causado.

Ela queria mesmo esquecer tudo e tentar viver bem, pois se lembrava da promessa que fizera a Kall, que só a morte os separaria.

Outras vezes, queria acordar do pesadelo e sonhava viver um amor eterno, mas a realidade era dura, e ela tinha de conviver com Albert e esperar por dias melhores.

Estavam vivendo um inverno rigoroso e isso fazia com que Mirka ficasse mais em casa. Ela sempre aguardava a visita da mãe que, mesmo não sabendo do seu sofrimento, sentia-a triste e desiludida. Erika sempre questionava:

— O que você tem, Mirka, está desiludida?

Mirka respondia à mãe que não tinha nada. Apenas estava ainda ressentida pela morte do bebê e que o aborto havia lhe deixado um tanto fraca, mas que sentia que logo Deus iria abençoá-la, tirando-lhe aquela dor e dando-lhe novas alegrias. Sua mãe sempre a incentivava, dizendo que dias melhores viriam, que ainda veria a filha muito feliz e com muitos filhos.

Enquanto ainda invernava, Mirka tricotava um casaquinho de lã para Dirk.

Ele andava pela casa e sua curiosidade o fazia mexer em tudo, o que é típico de uma criança que quer descobrir e tentar superar novos desafios, até mesmo abrir uma pequena caixa de costura.

Enquanto ela tricotava, divertia-se por vê-lo tão alegre abrindo a caixa e pegando um novelo de lã. Ela sentia saudades de Hendrick, mas ele só aparecia por vontade própria, não adiantava chamá-lo em pensamento. Talvez fosse preciso orar mais. Assim ela fazia, mas estava sendo inútil. Era melhor aguardar, porque, qualquer hora ele apareceria.

E, assim, um dia de cada vez, Mirka esperou que o inverno desse lugar a outra estação.

Capítulo 7

A doença de Hugo

O inverno já havia terminado, as flores brotavam nos campos e as tulipas estavam apontando. Parecia que a natureza se renovava, assim como Mirka, que já se sentia fisicamente curada.

A chegada da primavera trazia novas forças para ela. Assim, Mirka se sentia melhor para esperar dias melhores.

Ela observava pela janela da cabana quando avistou uma charrete trazendo sua mãe.

Ao entrar na casa, Erika aparentava estar bastante preocupada e veio lhe dar a notícia:

— Seu pai está muito doente, o doutor aconselhou um tratamento em Londres.

— Em Londres? Por que tão longe?

— Lá a medicina está mais adiantada, e é a única salvação para seu pai.

Ambas se desesperaram. Erika estava necessitando de uma soma em dinheiro para levá-lo para a Inglaterra.

Mirka lembrou-se de Ludvig que pediu que ela o avisasse caso tivesse qualquer problema, fosse com ela ou com a família Dorth. Ludvig se sentia em falta com Mirka, em virtude das provações que passou e porque, se tivesse sabido antes que Dirk era seu neto, ela não teria precisado casar-se com Albert, mesmo não sabendo a que ponto estava seu casamento.

Erika sentia receio de que Hugo não aceitasse a quantia, caso Ludvig emprestasse o dinheiro. O marido sentia revolta por Beatriz tê-la tratado tão mal. Mas a filha, ponderada, acalmou a mãe e pediu que não se preocupasse, pois seu pai não precisaria saber de onde provinha o benefício. Ela então, dirigiu-se com a mãe e Dirk para a fazenda dos Dorth. Lá estando, montou um cavalo e cavalgou nos limites das terras dos Willickens, encontrando Ludvig, que se surpreendeu com a visita.

— O que a traz aqui, Mirka?
— Desculpe-me, sr. Ludvig, é uma emergência!

Mirka lhe relatou sobre a doença do pai e a necessidade do tratamento. Condoído pela situação, ele prometeu ajudá-la, dizendo que não se preocupasse mais, pois levaria imediatamente a quantia para Erika. Logo Deus abençoaria Hugo Dorth com a cura.

Mirka, em prantos, agradeceu-lhe, dizendo o quanto ele era generoso; humilde, ele afirmou que iria ajudá-la quantas vezes fosse necessário. Ela se despediu e foi avisar a mãe sobre o combinado. Erika os levou de volta à cabana.

No dia seguinte, Mirka foi visitar o pai, que se encontrava acamado. Ele se queixava que a tosse o perturbava e que os pulmões estavam fracos. A filha notou a palidez do pai, que antes era corado e vendia saúde. Ele lamentou-se por não estar podendo trabalhar na lavoura, dizendo que Van e Frans estavam abarrotados de trabalho.

– Não se preocupe, eles são jovens, cuidarão de tudo até o senhor voltar de Londres.

Passados alguns dias, o casal Dorth partiu para a Inglaterra. Sem dúvida, ainda existia a possibilidade da cura.

Albert tomou conhecimento sobre a saúde de Hugo e de sua partida para tratamento, e, com desconfiança, perguntou à esposa:

– Onde arrumaram a quantia para tal viagem?

– Mamãe vendeu a única joia da família.

Satisfeito com a resposta, ele tentou reconciliação com Mirka, pois gostava muito dela, mas o ciúme era mais forte que o amor. Aqueles dias transcorreram em harmonia e, passado um mês, os Dorth voltaram da viagem e foram até a cabana dar-lhes a notícia:

– Já me sinto recuperado, o tratamento com sanguessuga e a medicação adiantada, curou-me dos pulmões.

– Ótima notícia, papai! Estou muito feliz por vê-lo tão bem disposto!

Logo, Hugo passou a cuidar da lavoura e a vida dos Dorth voltou ao normal. Ludvig sabia das novidades por meio de Mirka, que lhe agradecia por tudo o que fizera. Num desses dias, ele comunicou a Mirka que a filha chegaria da França.

Karla tinha o gênio da mãe. Era esnobe e desconfiada. Ainda não sabia nada sobre o relacionamento de Hendrick com Mirka e, quando soubesse, provavelmente faria igual Beatriz: esnobaria o relacionamento.

No domingo, os Willickens foram à igreja. Karla foi bem recepcionada pelos fiéis. Seus pais estavam orgulhosos por vê-la diplomada.

Karla era a filha mais velha. Ela tinha uma beleza exuberante: era alta, tinha cabelos castanhos, olhos verdes e um sorriso amplo.

Os olhos dos pretendentes, entre os fiéis e fazendeiros, cresciam. Karla, porém, não tomava conhecimento; a pretensão dela eram os aristocratas, e provavelmente os da França, que eram refinados e frequentavam a corte.

Naquela época, os conflitos entre os fidalgos cresciam diante da corte francesa e os políticos se misturavam em debates revolucionários.

Karla estava sempre atenta às pretensões da política, e na universidade conhecia alguns jovens da aristocracia francesa que lhe aguçaram a mente e o desejo de desposar um jovem dessa estirpe.

A preparação da festa para recepcionar a alta sociedade holandesa era feita com esmero, desde as toalhas bordadas, ao serviço de prata, e às taças de cristal.

Beatriz fazia questão de colocar o luxo em sua mesa. Os guardanapos tinham prendedores de ouro filigranados, com a inicial W, dos Willickens. Tudo era parecido com o bom gosto dos refinados franceses.

Embora Beatriz vivesse em uma propriedade rural, ela mantinha as tradições de sua família que era aristocrata. Por isso, Karla aprendeu, com a mãe, a viver em plena sintonia com o luxo e a vaidade herdados dos descendentes da família de Beatriz. Talvez, por isso, o jovem Hendrick havia herdado do pai a simplicidade, pois, apesar da fortuna que Ludvig trazia dos seus antepassados, não tinha vaidades.

Karla se preocupava com a vestimenta que usaria naquela homenagem que seus pais fariam em seu regresso. Trouxera vários vestidos da alta-costura francesa, e se sentia indecisa na escolha do modelo e da cor. Beatriz afirmava que estaria bela em qualquer modelo escolhido.

Ludvig se preocupava mais com a comida e as bebidas que serviria aos seus convidados e com os violinistas que tocariam as valsas.

Mirka, na fazenda dos Dorth, espiava as festividades, sem ser vista, e se lembrava de outras festas no casarão. A família Willickens, em qualquer ocasião, promovia eventos, sempre elaborados por Beatriz, que tinha um gosto apurado.

Mirka pensava que se Hendrick estivesse vivo, e se tivessem se casado, ela teria de compartilhar do luxo da família Willickens. Talvez Hendrick a salvasse daquelas obrigações, indo morar afastado do casarão. Seria uma mudança total de comportamento, pois ela não conhecia o luxo nem a etiqueta que a alta sociedade exigia. Ela aceitaria, caso tivesse de se afastar das recepções da família e se trancar em sua casa, até que Hendrick cumprisse suas obrigações com a família. Mas, por certo, ele lutaria para que a mãe a aceitasse e a tornasse uma verdadeira *lady*.

As lembranças de Hendrick doíam no coração da jovem, principalmente quando o comparava com Albert. Não havia como esquecer o passado, pois o sofrimento que vivia a fazia sair da realidade para viver as lembranças e a saudade.

Hugo Dorth não imaginava a situação do casamento de Mirka, e ela fazia de tudo para esconder a brutalidade e o desequilíbrio do marido, ainda mais agora, que a recuperação do pai era recente; não queria aborrecê-lo, pois ele tinha de tomar cuidado com os pulmões e seguir os conselhos dos médicos de Londres.

Apesar de tudo, Hugo sempre foi forte, trabalhava mais que o necessário, era um trabalhador invencível, e criou os filhos com senso de responsabilidade, pois para ele a terra lhe servia a todas as necessidades, desde os remédios até a comida farta e a água. "O homem que tem a terra tem tudo", dizia. Ele orgulhava-se da economia que fizera para comprar a pequena propriedade e por ter criado os filhos com saúde. Mirka aprendeu, com o pai, que o trabalho na terra era recompensador, porque dela se tirava o sustento.

Mirka, apesar de herdar a meiguice da mãe, encontrou no pai a força que precisava para transpor as dificuldades que sofria.

A família era o alicerce e o porto seguro para o equilíbrio emocional. E, assim, ela ensinava a Dirk todas as coisas que aprendera com o pai, principalmente a ser forte e driblar as intempéries.

Os irmãos, Van e Frans, herdaram a dinâmica de Hugo. Trabalhavam duro na terra e já haviam conseguido vender alguns produtos. A colheita e os animais se multiplicavam a cada dia.

Mirka precisava despertar dos sonhos e enfrentar a dura realidade de conviver com Albert, mas pedia a Deus que a livrasse daquele compromisso.

Capítulo 8
Albert frequenta o bordel

M irka continuava na sua vida monótona e sem expectativa, no convívio com o marido. Tinha de se afastar dos demais, pois, por qualquer motivo, despertava-lhe o ciúme. O pequeno Dirk já completara quatro anos de idade, e o inverno estava forte. Ela pouco saía de casa. Albert não deixava faltar provisões nem agasalhos para eles, mas olhava para o menino como se ele fosse um desconhecido. Isso a deixava muito aborrecida, e ela se mantinha calada para não provocar brigas.

Olhava pela janela e via a neve cair. A nevasca havia interditado as estradas e, em dias como aqueles, os homens não trabalhavam, ficavam em casa.

O campo estava coberto de branco, as árvores sofriam o impacto do frio. Havia tempos que ela não via a família. Esperaria a neve moderar-se para poder vê-los.

Dirk andava pela casa e, hora e outra, mãe e filho brincavam junto à lareira. Albert levantava-se, lamentando. Estava sempre mal-humorado, não conseguia assistir à alegria deles e aborrecia-se, pois queria ter um filho que fosse unicamente dele. Por isso, reclamou:

— Mirka, logo que o tempo melhore, chamarei o doutor para examiná-la.

— Examinar-me, por quê?

— Gostaria de ter um filho, tenho falhado nas tentativas.

Ela e Vollenhoven nunca mais conversaram sobre a morte do filho. O assunto havia sido encerrado, mas não na memória de Mirka, que sofreu com a injustiça e agressividade do marido.

Em um determinado dia, Albert chegou acompanhado pelo doutor, que pediu permissão para examiná-la em seu quarto. Após o exame, ele certificou-se de um grave problema e relatou:

— Albert, infelizmente a sua esposa não poderá mais ter filhos.

— Por que não, doutor?

— O aborto lhe causou grandes danos. Pela minha experiência, só por um milagre ela engravidará.

— Isso é muito triste, dr. John. E se eu a levasse para uma avaliação em Londres?

— Fiz especialização na Inglaterra, sei que nada adiantará.

Uma luz entre as tulipas

John partiu, deixando Albert desconsolado, mas Mirka sentiu um alívio, uma vez que não queria ter outro filho, pois não imaginava que destino a criança poderia ter. Ela queria se ver livre de Albert, mas isso era impossível, já que o marido era quem dava a última palavra.

Depois desse fato, ele ficou mais distante e, numa noite, não voltou para casa. Havia um bordel na cidade, e ele resolveu ficar com as mulheres do prostíbulo. Na manhã seguinte, ele chegou, completamente bêbado. Mirka nunca o tinha visto daquele jeito. Colocou-o na cama e esperou a bebedeira passar.

Aconteceria uma nova etapa para Mirka, na qual teria de reunir forças para suportar a vida dupla de Albert.

Mais tarde ele se levantou e, depois do banho, voltou ao trabalho, sem lhe dar explicações.

Assim foram outras noites: ele chegava tarde, cheirando a perfume e bebida.

O inverno se retirou, dando lugar a uma nova primavera. A tristeza de Mirka era inevitável, mas ela lutava para superar mais esse obstáculo.

Sempre levava Dirk para ver o campo de flores. O sol, embora fraco, esquentava o corpo e os sentimentos.

Dirk caminhava entre as tulipas, quando, de repente, pronunciou:

– Papai!

Ela percebeu a presença de Hendrick e teve a certeza de que o menino, assim como ela, tinha o dom de ver os espíritos.

Hendrick limitou-se a olhá-los e sorrir, desaparecendo em seguida. Ela sabia que ele sempre estava por perto para protegê-los, e de onde estivesse, orava pelo bem-estar deles. Diante da situação que ela vivia, isso era reconfortante.

Quanto a Dirk, ela deixaria que a natureza cuidasse do seu dom, porque a forma como isso acontecia era inexplicável. Era algo que estava além de sua vontade; era nato e involuntário. Mas ela estava surpresa pelo fato de Dirk tê-lo chamado de pai, pois não conhecia a verdade.

Contudo, logo Dirk esqueceu o fato, e isso foi bom, pois assim Albert não teria o ciúme despertado, pois seria impossível, para ele, entender que os mortos se comunicam.

O tempo foi passando e Vollenhoven continuava visitando o bordel.

Passando a frequentar o bordel, Albert conheceu Miriam e se envolveu com ela. Era seu único cliente. Como sempre, ela o recepcionava:

– Como está hoje, querido?

– Bem, está linda nesse vestido vermelho.

Ela era bem paga, e se vestia com muito esmero, acompanhada por joias que realçavam sua beleza.

O bordel era muito luxuoso e os quartos devidamente requintados. O dinheiro de Albert estava se acabando, pois ele fazia todos os gostos de Miriam.

Quando ele chegava a casa, além do perfume que o envolvia, Mirka desconfiava de sua fidelidade, mesmo porque diminuíra os carinhos com ela. Mas era melhor assim, tê-lo longe dela. E isso fazia que ela sonhasse com Hendrick e imaginasse como seria sua vida com ele, se ainda estivesse vivo.

Num desses dias, pela manhã, ainda tomado pela bebida, Albert tomou uma atitude agressiva ao ver Dirk chorando, e, pela primeira vez, bateu na criança. O pequeno caiu no pranto, enquanto a mãe o defendeu.

– O que é isso, Albert? Não admito que toque nele, posso suportar tudo, mas não o agrida.

Ainda alcoolizado, ele revidou, agredindo-a. Em seguida, saiu, deixando-os abandonados.

Mirka envolveu o filho nos braços e se desculpou, prometendo que iria conversar com Kall.

No domingo, na igreja, ela pediu a Kall que a ouvisse, e se queixou de Albert, contando-lhe sobre as agressões que ele estava cometendo.

Ele se horrorizou com os fatos e a questionou:

– Por que nunca me contou? Já vem acontecendo há muito tempo?

– Sim, desde o aborto, pois perdi meu filho, depois de uma surra.

Kall chamou Albert e, em tom indignado, interrogou-o:

– Perdeu a cabeça, Albert? Em nome de Deus, que isso não se repita.

— Desculpe-me, Kall, foi a bebida.

— Não sou eu que devo perdoá-lo, mas Deus, que tudo vê.

Ele prometeu mudar e afirmou que aquilo não mais aconteceria, era uma promessa diante da igreja e do representante de Deus, que estava atento a seu comportamento.

Albert voltou com a esposa para casa e permaneceu calado. Não esperava que ela tomasse aquela atitude. Tinha de se controlar, porque estava nas vistas de Kall.

Aquela noite ele não saiu; ficou quieto em casa por uns dias.

Numa manhã, enquanto Mirka preparava o dejejum, Hendrick se aproximou do filho que dormia e o beijou. Estava preocupado com a atitude de Albert, mas intuía Mirka a tomar providências, e, assim, ela teve a ideia de procurar o pastor novamente.

Mas com o passar dos dias, Albert procurou o bordel e Miriam estava em lágrimas:

— Pensei que havia me abandonado, logo agora que tenho um motivo especial para que goste mais de mim.

— O que tem de especial, Miriam?

— Estou grávida, estou esperando um filho seu!

Ele recebeu a notícia com muita felicidade, mas logo se abateu, preocupado em criar o filho, já que era casado.

Mas isso era motivo para comemorar, e, sendo assim, caiu na bebida e pagou a todos para que bebessem com ele.

Era bem tarde quando retornou a casa. Seu hálito cheirava a álcool. Mirka resolveu não dizer nada, assim evitaria uma discussão e uma possível agressão por parte dele.

No dia seguinte, Mirka cuidava dos seus afazeres quando escutou o som de uma carruagem. Logo bateram à sua porta. Ao abrir, ela foi tomada de surpresa; bem diante dela, estava Karla.

— Permita-me, posso entrar?

— Entre, Karla, é um prazer recebê-la em minha casa.

Acomodou-a junto à lareira, oferecendo-lhe uma poltrona, e sentou-se a seu lado para que pudessem conversar. Logo, ela entrou no diálogo:

— Vim porque papai me contou sobre Dirk.

— É mesmo? Ele não se parece com Hendrick?

Disse isso se dirigindo ao menino que brincava no tapete.

— Para dizer a verdade, não! Sinto que papai se iluda com suas palavras.

— O que quer de mim, Karla?

— Quero que saiba que eu e mamãe estamos de olho em você. Jamais porá as mãos na fortuna de Hendrick.

Mirka tentou convencê-la de que estava enganada, e de que não desejava bens materiais, e sim carinho para seu filho. Mas Karla não a ouviu e a deixou totalmente magoada ao sair sem que ela, ao menos, pudesse se defender.

Mirka olhou pela janela a carruagem que seguiu pela estrada. Karla usava os costumes que havia adquirido na França, e a exuberância combinava com seu perfil.

A jovem poderia ser sua aliada, mas era idêntica à mãe: desconfiada e dura. Mas Ludwig era uma luz em seu caminho.

Muitas outras noites vieram, e Albert quase não ficava em casa, o bordel era sua segunda morada.

Capítulo 9
A revelação de Hendrick

Todas as manhãs, aproveitando o fim da primavera, ela levava Dirk para ver as flores. Avistava ao longe o moinho impotente e a paisagem holandesa agradava aos olhos. Mirka tinha paixão por sua terra. Ela era como Hendrick: admirava a beleza de sua pátria.

Nesse dia, quando passava pelas tulipas, Hendrick se materializou. Seu corpo não estava etéreo, era algo impressionante, ela tinha a sensação de poder tocá-lo, e nesse instante de emoção ele se pronunciou:

— Como está, Mirka? Vim para ficar uns instantes com nosso filho.

— Estou bem, Hendrick. Não acredito no que vejo!

Nesse instante ele pegou a mão do menino e caminhou pelos canteiros. Ela o seguia; estava radiante, era como se Hendrick revivesse. Ainda tomada pela surpresa, ela o questionou:

— O que acontece, Hendrick? Penso que posso tocá-lo?

— Estou tangível, pode tocar-me apenas por pouco tempo.

Ela acariciou sua face, enquanto ele beijou suas mãos, mas logo ele a avisou que teria de partir, pois seu tempo se esgotara. Então, ele esvaneceu-se no ar.

Dirk tinha o brilho da felicidade no olhar, era tudo de que seu filho precisava: a companhia e o carinho de um pai.

Ela pensava consigo mesma, sabia que não existia retorno depois da morte, mas a sua presença era muito real; gostaria que durasse para sempre, e tinha receio que ele não voltasse mais e desaparecesse de sua vida.

Mãe e filho entraram na cabana. A felicidade dela estava completa. Tinha a presença de Hendrick e isso lhe bastava. Mesmo sabendo que ele era apenas uma visão e não mais voltaria à vida.

Sua rotina continuou, e a situação de Albert era a mesma. Ela se queixou novamente com Kall, que o advertiu. Como sempre, ele arrumou uma desculpa.

O outono apontava, e as folhas caíam. Passaram-se nove meses e Miriam deu à luz um menino.

Albert estava presente quando Rose fez o parto. Era ela a parteira das meretrizes, que as atendia nesse caso.

Miriam se entusiasmou:

— Olhe para o menino, não é perfeito?

Albert se emocionou:

— Sim, meu filho, Euriko.

— Euriko? É um belo nome, Albert, estou orgulhosa de você.

Os dois se entendiam, enquanto o menino era cuidado pela parteira.

Ele já havia comprado um enxoval luxuoso para a criança. Daria à criança coisas que Dirk nunca tivera dele, principalmente carinho.

Aquela noite ele não voltou para casa. Chegou apenas no dia seguinte, tomou um banho e arrumou-se para o trabalho.

Dirk já estava com cinco anos, era uma criança esperta e carismática. Albert não o molestava mais, era indiferente à sua existência.

Mirka já desconfiava dele, nas idas para o bordel, e numa manhã sua mãe foi visitá-la:

— Como está, Mirka?

— Bem, mamãe. Entre antes que o frio a congele.

Mirka já havia contado à mãe sobre a vida dupla de Albert. Mas elas sequer imaginavam o ponto a que ele havia chegado. Mirka comentou que ele havia passado a noite fora, como tantas outras vezes. Sua mãe sofria pela vida que a filha levava e falou com angústia na voz:

— Quando penso que ainda é tão jovem e já passou por tanta coisa, isso me abala os sentimentos!

— Não fique assim, mamãe, eu sei que Deus vai mudar a minha vida.

Erika brincava com o neto e o mimava demais. Esse carinho dos avós e do pai invisível o confortava.

Alguém bateu à porta. Mirka foi atender e fez Ludvig entrar:

— Como estão? Tudo bem?

— Sim.

Ele carregava um pacote, que entregou a ela. Preocupava-se com o inverno. O menino estava crescendo e precisava de roupas novas. Ela agradeceu gentilmente:

— Obrigada, sr. Willickens, vou servir-lhe um chá!

Ele permaneceu por meia hora, saboreou o chá e algumas broas que aguçavam o paladar. Era sempre agradável conversar com o cavalheiro, que estava sempre de bom humor e trazia ternura nos olhos.

Ele se despediu de ambas, recomendando cuidados com o neto.

Erika, antes de sair, convidou a filha para passar uns dias na fazenda. Sugeriu que ela pedisse permissão ao marido, para não contrariá-lo e desencadear outra briga.

Já, mais tarde, quando caiu a noite, Albert voltou do trabalho, e ela pediu permissão para ir à fazenda. Por sua vez, ele não se importou. Queria mesmo mais liberdade para estar com Miriam e o filho Euriko.

No dia seguinte, Mirka arrumou uma pequena mala e Albert a levou à fazenda. Hugo não sabia da vida dupla que ele levava e o convidou a entrar para uma conversa.

Como sempre, apressado para o trabalho, ele se desculpou e seguiu seu destino.

Hugo pensava que o genro era esforçado e que levava a sério seu trabalho. Por tudo isso não tinha tempo para conversas. O fato é que ele era antissocial, mas aos olhos do sogro, ele apenas tinha responsabilidades demais. Por esse motivo, o pai de Mirka não percebia a sua indiferença.

Naquela noite, Albert visitou Miriam e se alegrou ao ver o filho tão saudável. Não cabia em si de contente. Um menino era tudo o que queria; um filho de seu sangue, que teria como herdeiro.

Ele comentou com Miriam que a esposa ficaria uns dias na fazenda dos Dorth e que teria mais tempo para estar com ela.

Albert providenciou uma morada para a amante. Ao entrarem na casa, ela pôde notar o conforto. Estava devidamente mobiliada com móveis luxuosos. Na frente da casa havia um belo jardim com árvores frutíferas e um balanço.

Miriam gostou do ambiente e se mostrou maravilhada com a residência.

Ela era uma mulher sedutora, com cabelos castanho-escuros, olhos verdes e expressivos, pele alva e aveludada. Jogava toda a sua experiência nessa relação e apostava que, algum dia, ele largaria a esposa para viver com ela. O quarto era aconchegante, com muitos quadros na parede. Lembrava o luxo do bordel. Albert investira todas as suas economias na compra da residência, e, orgulhoso, indagou:

— Temos o nosso ninho, não é Miriam?

— Agora sim, sinto-me uma mulher realizada.

Mirka voltou para casa. Albert estava impaciente, queria estar com a amante, pois sentia que ela era seu verdadeiro amor.

A esposa preparou o dejejum, mas ele, apressado e inquieto, foi para o trabalho sem, ao menos, tocar na comida.

Antes foi visitar Miriam e, com ela, tomou sua refeição matinal. A experiente senhora, tinha certeza de que ele iria visitá-la, por essa razão preparou algumas guloseimas com esmero. Ela ganhara terreno e investia todo o seu charme; e o filho garantia que ele estivesse cada vez mais ao seu lado.

O tempo passou e o bebê cresceu; já estava com três meses, mas estranhava o colo do pai e chorava muito quando ele o pegava nos braços. Albert dizia à mulher que não compreendia por que o menino chorava ao vê--lo, mas ela dizia ser normal. Contudo, na realidade, havia algo mais: espiritualmente eles não combinavam.

Mirka esperou o marido para o almoço, mas ele não apareceu. Ela, então, almoçou com o filho.

***

A primavera chegou, e, com ela, a esperança, que despertou o coração de Mirka. Ela já tivera momentos felizes revendo Hendrick. Seu filho tivera a oportunidade de estar com o pai. Agora restava esperar os próximos acontecimentos.

A necessidade de buscar respostas a suas questões, a fazia entrar na plantação. Ela viu um brilho se aproximar, mas não era o seu amor. Diante dela surgiu o mesmo senhor que orara em sua casa para afastar os maus espíritos. Ela perguntou:

– A que devo a sua presença, senhor?

– Venho lhe colocar uma difícil decisão.

– É sobre Hendrick? Estou apreensiva.

Diante da sua indagação, ele colocou a decisão dos superiores de que as visitas de Hendrick estariam suspensas, e que o motivo era preservar o menino, pois ele estava crescendo e poderia desequilibrar-se.

Ela se decepcionou e disse que sentiria falta de Hendrick, pois lhe tinha um grande amor e isso bastava para sua felicidade. Mas o superior a faz lembrar que Hendrick não pertencia mais ao mundo físico e sua presença era tão somente uma missão para ajudá-la a superar a crise do casamento. Dizendo isso, ele desapareceu.

Mirka voltou à cabana. Estava visivelmente pálida. Era difícil aceitar aquela situação, mas sabia que não poderia fazer nada, essa era uma decisão de seus superiores, e o remédio era orar, para que ele logo retornasse.

Logo em seguida, recebeu a visita de Natasha, que foi ver o sobrinho e saber como iam as coisas:

— Tem passado bem, Mirka? E todos?

— Estamos bem, com a graça de Deus.

Ela foi em nome da família Vollenhoven, que sentia a falta deles e queria notícias.

Depois de acomodar a cunhada em uma cadeira confortável e de lhe servir um chá, ela desabafou e contou que Albert passava as noites no bordel, e que havia mudado muito de humor, tornando-se ríspido e agressivo, e que sua vida havia se tornado um pesadelo.

Natasha acreditou tratar-se apenas de uma fase, pois, desde criança, Albert só tinha olhos para ela. A jovem não sabia o que falar, e se reservou para que as coisas não se tumultuassem ainda mais.

Ao chegar a casa, Natasha contou ao pai os acontecimentos, com a intenção de ajudar Mirka. Ele resolveu ir à carpintaria para conversar com o filho. Albert estranhou a presença do pai, que o chamou de lado e se abriu, contando as novidades que a filha trouxera, as quais não eram nada agradáveis. Tentou fazê-lo entender o seu erro, mas, irado com a notícia, Albert contou-lhe a verdade sobre Dirk e revelou que Mirka estava grávida de Hendrick quando se casou com ele.

O pai se abalou, dizendo que isso era muito grave, principalmente por Dirk não ser seu neto.

O relato do filho chocou profundamente o senhor, que resolveu não mais se intrometer.

Albert estava comandando a situação da melhor forma que lhe convinha. Ele foi para casa e repreendeu Mirka. Aproveitando-se da situação, revelou-se muito zangado, dizendo que, por conta do acontecido passaria a noite fora. Na verdade, era somente mais uma desculpa para poder ficar como Miriam.

Ele não tinha remorsos de suas atitudes, fazia qualquer coisa para estar com o filho Euriko, e sentia que Mirka atrapalhava a sua vida.

Chegando a casa, a mesa estava posta para a ceia, as baixelas, de excelente qualidade, um vaso de flores e castiçais enfeitavam o ambiente.

Miriam estava produzida, com roupas caras e perfume francês. Ele se deslumbrava com sua beleza, e ela o recebeu com um caloroso abraço:

– Esperava-o para a ceia, sabia que não faltaria.

Essa certeza de Miriam era devido à experiência que ela tinha para seduzir e fazer com que suas vontades fossem atendidas.

Ela entregou o filho a Albert, mas a criança o estranhava e, depois de muito chorar, ele o devolveu à mãe, e se chateou por não compreender tal atitude.

A situação de Mirka não encontrava trégua. Já haviam se passado dois anos. Ela estava novamente em meio às tulipas, esperando por Hendrick, porém ele não apareceu. Contudo, ela não perdia a esperança de revê-lo.

Dirk estava, então, com sete anos, e era um menino exemplar. Ela lhe ensinou as letras, e ele aprendeu muito rápido; como mãe, Mirka se sentia orgulhosa do progresso que o filho estava tendo. Ele era muito atento e questionava cada novo aprendizado.

Um dia, Hugo Dorth chegou aflito a sua casa, tinha uma novidade grave para contar e chamou Erika para uma conversa:

– Soube que nosso genro montou uma casa com uma meretriz e teve um filho com ela. Esse menino já está com dois anos.

– Não me surpreendo – disse Erika. – Sempre desconfiei do comportamento dele.

Ela relatou as queixas da filha e as seguidas idas dele ao bordel. Não era difícil esperar isso do genro; ela colocou também o fato de que Kall o aconselhara contra as grosserias que cometia com a esposa.

Atônito, Hugo disse sentir pena da filha que, possivelmente, já sofrera bastante. Ele a aconselhou a procurar a filha para saber notícias de como ela estava e se precisava de alguma ajuda.

Assim ela fez. Chegou à cabana da filha e bateu à porta.

Mirka surpreendeu-se; notou que ela estava descomposta, com ar de quem trazia uma notícia grave:

– O que houve, mamãe? Aconteceu alguma coisa?
Erika rodeou o assunto até que desatou a falar:
– É sobre Albert. Seu pai descobriu que ele mantém uma mulher numa casa e tem um filho com ela.
– É pior do que eu esperava. – Após respirar fundo, ela disse à mãe que não poderia fazer nada, mas que tinha esperança que Deus a libertasse daquele casamento.

Sua mãe a lembrou das imposições da igreja, e que Kall seria contra a separação, e ela afirmou que esperaria por um milagre, e que tinha certeza de que Deus a livraria daquela união desastrosa.

Mais tarde, desesperada, ela foi à plantação de tulipas e pediu a presença de Hendrick, mas, em vez dele, foi o superior dele que a atendeu:

– Não se desespere, Mirka. Eu já soube de tudo, tenha fé. Deus vai libertá-la. É preciso ter paciência, pois as coisas se resolverão.

– Então, sabe que Albert tem um filho com outra mulher?

– Sei! Essa criança é o mesmo feto que você abortou, encontra-se revoltado, pelo ato que Albert cometeu.

Eram novas informações que ela aprendia. Assim ela pôde entender um pouco mais sobre a Lei de Causa e Efeito, e concluir o que provavelmente Euriko e Albert iriam ter de enfrentar.

Após isso, o afável espírito a deixou, numa visão que desapareceu lentamente, como uma nuvem brilhante que fazia os olhos doerem.

Ao retornar à cabana, Mirka encontrou o filho fazendo as tarefas de aprendizado que ela aplicara. Ele percebeu que a mãe estava abalada, e, num ímpeto, pronunciou:

— Mamãe, por que o papai não para em casa e me evita?

— Filho, seu pai é um homem rude, não consegue demonstrar sentimentos. Mas não se aborreça, um dia isso vai passar.

Dirk era um menino esperto e aceitou as desculpas da mãe, não queria aborrecê-la; tratou de desconversar.

Naquela noite, Albert visitou Miriam e chegou eufórico, querendo agradar o filho, porém, por mais que o acariciasse, a criança fugia dele. Mesmo assim, ele pegou o menino à força e o colocou no colo. O garoto disse:

— Eu não gosto de você!

Desconcertado, ele ficou nervoso e reclamou com Miriam, que logo o defendeu, dizendo que o filho era apegado a ela, e que Albert passava pouco tempo com o menino. Ela usava de astúcia para que ele largasse da esposa e fosse morar com ela.

E mais uma noite ele dormiu fora para ficar com o filho.

Na manhã seguinte, ele foi para a cabana. Já havia estado na cidade e comprado provisões para a casa. Recentemente, Kall havia lhe chamado a atenção, pedindo que ele fosse mais presente, lembrando-o que a união diante de Deus era um compromisso sério.

Mirka agradeceu pelas compras, mas reclamou a falta de sua presença e resolveu esclarecer os fatos:

— Soube do seu caso com Miriam, e também de Euriko. Essa situação não pode continuar, quero que tome providências.

— O que pensa fazer?

— Quero que resolva entre uma de nós, antes que eu leve a público, e me consulte com Kall.

Ele não respondeu, saiu para o trabalho bastante transtornado, não esperava aquela reação de Mirka, e achava que conseguiria esconder essa situação.

Enquanto Mirka esperava pela decisão dele, continuava em sua rotina, pedindo a Deus que a libertasse daquela prisão.

Naquele dia, Mirka só pensou em se libertar. Ela orou e pediu a Deus que Ele intercedesse, que o marido fosse embora de casa e que Kall a libertasse do compromisso de casamento assumido perante a igreja.

Pensando assim ela se dirigiu às tulipas e caminhou para tomar a fresca. Sem que esperasse, o superior de Hendrick se materializou e relatou-lhe sobre as ordens dos superiores:

— Mirka, em nome dos meus superiores, eu lhe peço que amanhã, neste mesmo horário, traga a família de Hendrick aqui; é muito importante.

— Poderia me adiantar alguma coisa?
— Não posso, siga essa orientação, é para o seu bem.

Antes que ela tentasse indagá-lo novamente, ele desapareceu, deixando-a intrigada com o assunto. Teria de arrumar um argumento muito forte para levar os Willickens até lá.

Mirka, sem perder tempo, atrelou o cavalo e seguiu rumo aos limites das terras dos Willickens. Encontrou com Ludvig, que cavalgava pelas redondezas da fazenda. Em pouco tempo, ela afirmou ser necessário que ele levasse Beatriz e Karla à sua cabana, pois era um assunto urgente sobre Hendrick. Ludvig pediu uma explicação, mas ela afirmou ser algo importante, que ela falaria no momento certo. Diante disso, ele concordou em levar a família.

Naquela noite Mirka não conseguiu dormir. Estava aflita. Não sabia o motivo daquela reunião, mas confiava no superior, que certamente sabia o que estava fazendo. Por mais que pensasse, nada vinha à sua cabeça, ela não conseguia decifrar o enigma.

No horário combinado, Ludvig levou a família, que foi contrariada, achando que ela reclamaria direitos sobre a fortuna de Hendrick.

Ao entrarem na cabana, Beatriz, aparentemente irritada e com ares hostis, perguntou-lhe sobre o motivo de querê-los à sua presença.

Mirka apenas afirmou ser necessário ir até as tulipas, porque lá estava a razão de chamá-los. Sem entender os fatos, a família a seguiu e, quando todos chegaram à plantação, uma luz intensa se colocou à frente deles. Aquilo os assustou. Enquanto a visão clareava, o espírito de Hendrick se materializou:

— Mamãe! Papai! Karla! — disse o espírito com a voz embargada. — Sou eu mesmo, não se assustem, preciso falar-lhes com urgência. Dirk é meu filho, não o desprezem. Mirka merece toda a atenção de nossa família, só estarei em paz quando meu filho for reconhecido.

Beatriz chorou, Karla empalideceu e Ludvig suspirou.

— Filho, perdoe-me! — disse Beatriz, sem conter as lágrimas.

— Eu os amo! Preciso partir, acabou meu tempo.

Beatriz implorou para que ele ficasse mais um pouco, porém o brilho se desfez diante deles, que estavam totalmente surpresos.

A família estava abalada e Mirka os convidou para voltarem à cabana e lhes ofereceu um lugar para sentar, enquanto fazia um chá calmante.

Após tomarem o chá, e um pouco mais calmos, Karla pediu que Mirka relatasse todo o acontecido entre eles.

Mirka apresentou, com suas palavras, o retrato do passado, lembrando a noite de Natal, quando tudo acontecera. Naquele dia em que recebera a caixinha de música, e que, após, ele disse que iria contar tudo à família e pedi-la em casamento.

Contou-lhes que só notou a gravidez após a morte dele, e que o seu espírito sempre vinha ver Dirk. Falou que Albert a desposou, mesmo estando grávida de Hendrick, e lhe jurou amor, e também a seu filho, mas que, na verdade, isso nunca aconteceu. Dirk nunca recebera o carinho dele, pois o padrasto o evitava e o desprezava.

— Pobre pequeno! — disse Karla.

Mirka colocou a atual situação de seu casamento e contou sobre a amante do marido e o filho que tiveram. Explicou que, por tudo isso, Albert só tinha olhos para sua nova família, e a situação estava insuportável. Disse que gostaria muito de libertar-se dele. Ludvig, comovido, balbuciou:

— Sinto por você, filha!

— Obrigada!

Beatriz percebeu que Ludvig já havia adotado o neto e a nora, só faltava ela e Karla se entenderem, e isso ela queria resolver prontamente, pois já haviam perdido muito tempo.

Dirk, que ainda dormia, levantou-se e, aproximando-se deles, cumprimentou-os educadamente.

Beatriz chorava e Karla soluçava. Elas o abraçaram, e o menino não compreendeu o tumulto.

Naquele momento, Mirka revelou ao filho toda a verdade.

Beatriz afirmou que, daquele momento em diante, repararia todo o mal, e que Dirk receberia todo o carinho deles. Disse que estudaria uma forma de ajudá-la a se livrar do monstro com quem convivia.

A família Willickens se despediu, e Mirka percebeu um milagre acontecendo. Seu filho não seria mais rejeitado, e isso apagaria o mal que a vinha consumindo.

Parecia que a dor do sofrimento havia aliviado, pois não se sentia mais sozinha. Já não esperava o marido para o almoço, tampouco à noite. Deixou que o destino se encarregasse de resolver o seu carma.

Chegou o domingo daquela semana e todos foram para a igreja. Albert fez o mesmo, levando Mirka e Dirk. Essa era uma maneira de estar bem com Kall, depois da colocação da decisão de Mirka sobre Miriam.

Ludvig chegou antes com a família. Após o sermão, Kall perguntou se alguém queria dar um depoimento, em favor de Deus e da igreja.

Ludvig se levantou e, com voz firme e decidida, pronunciou:

— Meu filho Hendrick, antes de falecer, deixou uma jovem grávida. Ela é uma pessoa muito honrada e digna de nossa consideração. Estou falando de Mirka; seu filho, Dirk, é meu neto.

Todos se espantaram. Albert demonstrou ódio em sua face. Ludvig continuou:

— Como avô de Dirk, tenho a declarar que, de hoje em diante, ele é meu neto e herdeiro.

Albert se transfigurou e rebateu o sr. Willickens:

– Ele também é meu filho, sua intervenção só fará mal à criança.

Ludvig acrescentou:

– Soube que Albert Vollenhoven tem sido um péssimo marido e pai, que usou de violência, muita vezes, contra Mirka, e ainda mantém uma casa com uma amante, que lhe deu um filho.

Os fiéis se revoltaram, e alguns explanaram:

– Então ele não é digno de frequentar a casa de Deus.

Albert se retirou, sua reputação, agora, estava manchada.

Kall afirmou que, depois daquela situação, Mirka poderia voltar à casa dos pais. Todos concordaram. Ela estava livre para deixar a cabana e sair da vida de Albert para sempre.

Mirka chorou no ombro de Ludvig, que a acalmou. Em seguida, recebeu o carinho de Beatriz e de Karla. Eles a ajudaram a buscar os seus pertences na cabana, e, assim, deixaram para trás esse episódio tão conturbado.

Beatriz fez um convite para que ela e o menino fossem morar no casarão, mas Mirka preferiu voltar para a casa dos pais. Naquele momento, ela precisava do apoio deles.

Beatriz concordou, deixaria que o tempo decidisse seu destino. Assim, eles a deixaram na fazenda, onde foi recebida por Hugo e Erika.

Capítulo 10
Uma nova fase para Mirka

Já em casa, Ludvig se preocupou com o bem-estar de Dirk e confessou à esposa que gostaria muito de ver o neto morando no casarão, mas que, se não fosse possível, ajudaria os Dorth e lhes daria mais condições para levarem conforto ao pequeno.

Beatriz escutou a sugestão do marido e perguntou-lhe:
– O que poderíamos fazer, Ludvig?
– Pensei em reformar a casa e aumentar os cômodos, se assim Hugo permitir.

Decidido a fazer a reforma, Ludvig foi à procura de Hugo e, ao encontrá-lo na lavoura, explicou suas intenções e pediu sua permissão.

Dorth foi pego de surpresa, e, quase sem saber o que dizer, agradeceu e disse que pediria a opinião da esposa.

Na hora do almoço, quando Hugo voltou para casa, relatou a Erika a pretensão de Ludvig. Ela confessou estar contente pela preocupação dos Willickens, e afirmou ser de bom-tom aceitar a proposta, já que isso traria mais comodidade ao neto.

Mirka participou da conversa e se mostrou satisfeita pela sugestão de Ludvig. Então, fez planos de ter um quarto para ela e o filho.

Os irmãos de Mirka também se entusiasmaram, já que também teriam um dormitório, principalmente Van, que já era um adolescente.

No dia seguinte, Ludvig contratou alguns homens, que cuidariam da reforma, e pediu-lhes que começassem o trabalho ainda naquele dia. Ele os acompanhou até a fazenda dos Dorth. Lá, foi recebido por Mirka e lhe fez um convite:

— Gostaríamos que fosse, hoje à tarde, com Dirk, para tomar um chá no casarão.

Ela sorriu ao convite do tão amável senhor, e confirmou a visita.

Ao chegarem à residência dos Willickens, foram recebidos por Beatriz e Karla; e logo a anfitriã se pronunciou:

— Como está o meu neto? E você, Mirka?

Ela falava com um sorriso no rosto.

Mirka foi bem recebida, com abraços de Karla e Beatriz. Parecia um sonho estar ali e ser tratada como da família. Sentaram-se em confortáveis poltronas, enquanto Beatriz acariciava o rosto de Dirk, afirmando ser ele parecido com o filho, principalmente na expressão dos olhos.

Beatriz pediu a Alfred, o mordomo, para levar o neto para conhecer os jardins, e o avô prontamente os seguiu, queria ver a felicidade estampada no rosto de Dirk.

As mulheres, reunidas, discutiam vários assuntos, e Karla expressou a vontade de que o sobrinho estudasse com professores particulares. Ela sugeriu que o menino fosse todas as tardes para estudar no casarão, enquanto sua casa estivesse em reforma.

Enquanto Beatriz foi dar ordens na cozinha, para o requintado chá, Karla convidou Mirka para ir ao seu quarto. Lá, mostrou-lhe seu guarda-roupa repleto de novidades da costura francesa. Karla havia separado algumas roupas e botas para lhe presentear, e antes se desculpou:

– Gostaria que ficasse com esses trajes, não me leve a mal.

Deslumbrada com os presentes, e um pouco sem jeito, ela agradeceu:

– Obrigada, talvez não combine com meu jeito simples.

Karla a convenceu de que sua vida mudaria, haveria algumas festas no casarão e ela teria trajes adequados para se apresentar, principalmente aos amigos, que Karla fazia gosto que conhecesse.

Ao voltarem à sala, Ludvig as convidou para irem ao jardim, e quando lá chegaram, Dirk estava no balanço, que ficava entre árvores frondosas.

Logo o chá foi servido em uma mesa apropriada, com excelente serviço de prata e algumas guloseimas e geleias para saborearem com as broas.

O vento balançava as copas das árvores, enquanto Dirk se divertia, acompanhado por Alfred.

Em determinado momento, Ludvig expôs uma ideia que vinha arquitetando em sua cabeça. Falava na possibilidade de mudar os jardins, e numa parte dele fazer uma plantação de tulipas. Ele era ouvido pelas senhoras enquanto se expressava:

– Acha, Mirka, que Hendrick poderá aparecer em nossa plantação?

– Não sei, senhor, pois os espíritos se manifestam em qualquer lugar.

– Eu sei, mas essa é uma homenagem que quero prestar ao nosso filho.

Todos se entusiasmaram com a ideia, e Mirka disse que oraria para que isso acontecesse, porque sabia que Hendrick estava em paz, agora que a família reconhecera Dirk.

Beatriz indagou:

– Mirka, você acha que agora que Hendrick está em paz, não voltará mais?

– Não sei, porque os espíritos aparecem quando menos esperamos.

– Você entende bem disso, não é filha? – acrescentou Beatriz.

— Lido com visões desde pequena, e tive de sufocá-las para que não me considerassem uma doente mental.
— Mas o que dizem os espíritos? — interpelou Karla.
— Alguns me disseram que existe vida após a morte.
— Depois de ter visto Hendrick, acredito em tudo — afirmou Karla.

A tarde caía e o vento soprava forte. Era hora de voltar para casa, e Ludwig os levou à fazenda.

Naquele momento, Albert chegou à casa da amante, e logo se pôs a brincar no chão com o filho, estreando um brinquedo novo, que levara especialmente para ele. Mas este logo se esquivou e procurou o colo da mãe.

Albert não se importou que o casamento com Mirka tivesse acabado. Agora era um homem livre e poderia viver ao lado de Miriam e Euriko.

A cabana estava abandonada e Miriam lhe perguntou:
— Foi à cabana hoje, Albert?
— Fui! Deixei Andrew morando lá, assim toma conta da minha propriedade.
— Está feliz, Albert?
— Muito, assim podemos viver a nossa história.

Após o incidente na igreja, quando foi desmascarado por Ludvig, e enfrentando o desprezo dos fiéis, ele não mais voltou. Kall era um episódio apagado em sua vida.

Miriam tinha apostado todas as suas cartas e acabou vencendo.

Depois de dois meses, a reforma na casa dos Dorth acabou. Eles já podiam desfrutar das melhorias. Ludvig não parou por aí; aumentou o rebanho de ovelhas, oferecendo melhores condições de vida aos Dorth.

O quarto de Mirka com o filho foi mobiliado com móveis finos. As camas eram em madeira de lei, com confortáveis colchões e com uma cômoda, que acomodava lindos castiçais, feita especialmente para eles.

A rotina de Dirk mudara. Todas as tardes ele ia para o casarão para ter lições com Elizabeth, uma educadora inglesa, que ensinava com rigor, a tão disciplinado aluno. A família Willickens se entusiasmava com o neto, e lhe fazia vários mimos, presenteando-o sempre com novos brinquedos, enquanto a avó afirmava ser ele o menino mais bonito de toda a Holanda.

O tempo passou e a neve caía demasiadamente, estavam em pleno inverno. Ludvig plantou bulbos de tulipas para que desabrochassem na primavera.

Mirka e Dirk estavam sempre no casarão. Às vezes, eles pernoitavam na casa dos Willickens.

Quase todas as noites Beatriz tocava ao piano, principalmente as músicas folclóricas, que agradavam Dirk.

– Gosto muito da nossa música, vovó!

– Eu também, Dirk, são alegres e divertidas.

Karla se tornou muito amiga de Mirka, achando que ela deveria pensar em um novo casamento. Em uma dessas conversas, a cunhada insistiu:

— Mirka, quando vai procurar um pretendente?

— Quem me assumiria depois desse casamento?

— O nosso povo é conservador, mas deixe estar, os franceses são liberais. Sou comprometida com Jean, um aristocrata francês, poderei apresentar-lhe a seus amigos.

— Não penso em casamento, tenho vergonha de relacionar-me novamente.

Karla achava divertido conversar com a cunhada. Queria realmente tirar-lhe a timidez. Trocavam confidências e ela se mostrava bastante mudada. Tinha Mirka como uma irmã, e desejava o melhor para ela; por essa razão, insistia que ela conhecesse os franceses. Eles eram gentis e educados, e ela tinha certeza de que um deles se interessaria de verdade por tão amável criatura.

A noite caía e o sono fazia-se necessário, e todos foram aos seus aposentados. Assim, Mirka e o filho pernoitaram ali mais uma vez.

A vida dos Dorth corria normalmente, embora com mais regalias. O tempo passou depressa, e logo chegou a primavera. O solo esquentava os bulbos de tulipas e eles cresciam. Ludvig levou Mirka para ver a plantação. Estava bastante animado, e queria muito que as tulipas trouxessem Hendrick outras vezes, nem que fosse por um minuto. Esse sonho aumentava a esperança de rever o filho e despertava ansiedade em Beatriz e Karla.

Mirka admirou os brotos que cresciam e disse:

— É uma beleza, papai, sinto tanta saudade de Hendrick.

— Eu entendo, filha, mas se você se casar de novo, eu aceitarei.

Mirka, já o considerava como um pai, e lhe explicou que aquilo era coisa da cabeça de Karla, mas que não pretendia se casar novamente.

A primavera se acentuava também no jardim de Miriam. O pequeno Euriko desfrutava de um balanço. Já tinha três anos de idade, e a mãe, como sempre, exuberante, chegou ao jardim acompanhada de Albert, que se mostrava muito carinhoso com ela; mas o pequeno continuava indiferente ao pai.

Ele se queixou novamente e disse não entender a atitude do filho, a qual Miriam defendeu, atribuindo sua atitude à timidez e alegando que, aos poucos, o menino se acostumaria com ele. Albert estranhava o comportamento do filho, mas era imaturo para imaginar que ele era o espírito do filho abortado por Mirka, e que vinha resgatar desentendimentos do passado.

O tempo passou e, no casarão, já se avistava a plantação de tulipas. Dirk sempre passeava pelos canteiros para admirar a beleza das flores. Certo dia, ele ouviu uma voz:

– Meu filho, sou eu, Hendrick. Seu pai!

O menino olhou em direção ao som da voz e viu Hendrick. Já não se lembrava de mais das outras vezes que o havia visto, pois era muito pequeno. Quando firmou os olhos, o espírito desvaneceu, deixando-o atordoado. Ele correu para o casarão e contou ao avô:

– Vovó, eu vi o espírito do meu pai.

– Hendrick?

Ele, espantado, contou à esposa, que ficou feliz em saber da notícia. Mirka explicou aos Willickens que Dirk também tinha visões, mas desde quando era muito pequeno não mais comentara sobre isso. Ela achava que ele era muito novo para tamanha descoberta.

Diante do acontecido, Mirka foi para a plantação. Queria muito rever Hendrick, mas foi em vão. Como demorou para retornar, Ludvig foi chamá-la para tirá-la da tristeza em que estava.

Ao entrar na sala, Mirka chorou e Beatriz a consolou, dizendo que isso não ajudaria Hendrick a aparecer, mas que tinha fé de que eles todos ainda veriam o rosto dele novamente.

**

Terminada a aula com Elizabeth, Ludvig os levou de volta a casa.

Erika estava na cozinha preparando uma das comidas preferidas de Dirk; orgulhava-se de vê-lo comer tão bem e elogiar sua culinária.

Mirka contou à mãe sobre a aparição de Hendrick e afirmou estar desolada por não tê-lo visto.

A mãe lhe aconselhou, dizendo que ela não devia ter pressa, que as coisas aconteceriam sem que ela percebesse, e logo então poderia revê-lo.

Sentindo a falta do pai, Mirka perguntou à mãe:

– Onde está papai?

– Foi à fazenda dos Halls comercializar os grãos. Desde que Ludvig contribuiu com o plantio, nunca mais nos faltou cereais, e ainda podemos vender nossos produtos.

– Foi Deus que colocou Ludvig, em nossa vida, ainda mais agora que morre de amores pelo neto – disse Mirka.

Van e Frans agradeceram à irmã, sempre carinhosos com ela e Dirk. Disseram estar famintos, e a mãe pediu que eles lavassem as mãos para sentarem-se à mesa. Mirka, cuidadosamente, arrumou os talheres e organizou a mesa com elegância. Os irmãos nem notaram seu capricho. Comiam a comida rapidamente quando ouviram a voz de Dorth:

– Ainda bem que cheguei na hora, estou faminto.

– Como foi, papai, vendeu os grãos?

– Sim, fiz um ótimo negócio. Deus abençoou a nossa colheita, que foi farta.

Mirka estava realizada, os pais estavam felizes com a prosperidade, e ela, encantada com os Willickens, que a tratavam como uma filha, não deixando que nada faltasse à sua família.

***

O verão abafou os ares. Mirka estava no casarão tomando a fresca, quando Karla a interpelou:
— Darei uma festa para as famílias do nosso convívio, e também para meus amigos franceses. Terei imenso prazer em apresentar-lhes.

Sempre que falava dos franceses, Karla se referia a Jean, seu noivo, dizendo que só tinha olhos para ele. A jovem era muito expressiva e Ludvig fazia todos os seus gostos. A data da festa foi marcada, e logo chegou o grande dia. Seus amigos chegaram à residência:
— *Bonjour*, Jean! Paul e Gerard Bourchier.

Após os cumprimentos, ela os levou aos quartos de hóspedes, que estavam devidamente arrumados para eles. Alfred carregou as malas, que seriam desmanchadas pelas arrumadeiras, que colocariam os pertences deles nos armários.

Depois, todos se dirigiram à sala, e, como sempre, Jean, um irresistível galanteador, disse:
— Como está bela! Parece-me a mais nova flor do jardim.
— São seus olhos — respondeu Karla.

Beatriz e Ludvig os cumprimentaram e, após servirem algumas guloseimas, eles foram descansar.

Mirka não foi para o casarão naquela manhã, pois estava se preparando para a noite. Seria sua primeira festa. Sentia-se como uma adolescente se preparando para seu primeiro baile. A mãe achava justo que ela se sentisse assim, pois nunca havia desfrutado, antes, de um evento como aquele. Erika enrolou os seus cabelos, para depois modelar o penteado. O vestido, separado na cama, e as joias haviam sido presentes de Karla, que a queria ver deslumbrante para apresentá-la à sociedade.

À noite, ela se vestiu. Parecia uma aristocrata, com uma linda tiara nos cabelos. O vestido era longo e bordado, tinha um decote provocante, e uma joia encantadora adornava seu pescoço.

A mãe se comoveu, pois nunca a tinha visto tão linda. Parecia fina e requintada, longe dos sofrimentos que passara.

No horário marcado, Ludvig foi buscá-la com a carruagem, e se admirou ao vê-la. Educadamente, convidou os Dorth para que desfrutassem da festa, mas eles disseram que esta era para os jovens.

Mirka sentou-se ao lado de Ludvig e o condutor guiou o veículo.

— Mudanças favoráveis, jamais pensei em vê-la tão encantadora — Ludvig falou amável.

— Ideia de Karla — Mirka respondeu, sorrindo.

Quando ela desceu da carruagem, entrou no casarão de braços dados com Ludvig, que a acompanhou até o salão principal. Em seguida, Karla foi ao seu encontro.

— Sei que será a mais bela da festa.

— Não fale assim, Karla, sinto-me deslocada.

Karla a orientou para respirar fundo e não se preocupar, pois estaria sempre a seu lado para assessorá-la. Logo a apresentou aos amigos. Gerard Bourchier tomou a frente, encantado:

— *Mademoiselle*, nunca a vi antes!

Karla quebrou a conversa, dizendo que ele tinha a noite toda para conhecê-la, e fez as demais apresentações à sociedade.

Mais tarde, após Mirka e Karla conversarem com os convidados, Mirka sentou-se em uma poltrona e Gerard se aproximou para conquistá-la:

— Não posso deixá-la sozinha, parece-me tão solitária!

— Sou apenas uma camponesa, simples e tímida.

Ele demostrou interesse por ela, que lhe explicou que era cunhada de Karla e que tinha um filho de Hendrick, o irmão falecido.

Ele percebeu que ela ainda se emocionava ao se referir a Hendrick, e tentou consolá-la, dizendo que ela não devia se prender ao passado, e que era muito jovem e tinha um futuro pela frente. Após investir sua sedução, notou que Mirka não se interessou, dessa forma, pediu desculpas e se retirou.

Gerard ficou curioso para saber mais sobre Mirka, assim procurou Karla e a interrogou.

Muito franca, Karla lhe contou que ela engravidara de Hendrick e não tivera tempo para se casar, porque ele falecera em seguida. Após o acidente, Mirka havia se casado com Albert para dar um nome a seu filho, mas este não passava de um mau elemento, arrumara outra mulher e tivera um filho com ela. Estavam oficialmente separados pela igreja.

– Quem vê, nem percebe esse sofrimento. Ela aparenta uma tranquilidade e uma jovialidade surpreendentes – esclareceu o francês.

– Sinto que gostou de Mirka, não é Gerard?

– É um mulher encantadora!

A música alegrava o ambiente, mas se fazia tarde, então Mirka pediu a Ludvig que a levasse para casa. Ele a convidou para pousar aquela noite no casarão, mas Mirka insistiu em voltar à fazenda. Gerard se aproximou e declarou querer revê-la o mais breve possível. Com certeza, ele não desistiria tão facilmente de cortejá-la.

Enfim, despediram-se. De volta à sua casa, Mirka e Dirk se dirigiram para o quarto.

O menino dormia tranquilamente. Quando olhava para Dirk, o rosto do filho a levava a pensar em Hendrick, pois ambos eram muito parecidos. O que ocorrera naquela noite a fez sentir como se tivesse traído Hendrick, o seu grande amor.

Pensando assim, e se revirando na cama, o sono acabou por vir.

***

Na manhã seguinte, na casa de Albert, a mulher o acordou e o avisou que era hora de levantar-se, pois ele tinha compromisso bem cedo com os trabalhadores. Tinham de entregar uma encomenda ainda naquele dia.

Enquanto isso, Euriko dormia. Albert acariciou o rosto do pequeno, admirando sua beleza, e pensou na distância que existia entre eles. Desejava que aquilo acabasse para que pudesse desfrutar daquele amor.

Albert trabalhava para dar o luxo à mulher e para mimá-la, fazendo extravagâncias e comprando joias caríssimas.

Ele sentia que seu dinheiro andava curto por conta dos gastos excessivos, mas não conseguia se conter. Queria dar o melhor a ela e a Euriko. A dificuldade entre ele e o filho, a falta de aceitação da criança, deixavam-no aturdido. Albert não entendia tamanha indiferença, já que morria de amor pelo garoto.

Certo dia, ao retornar para casa, o filho o recusou, quando ele o cobriu de carinhos. Desgostoso com a cena, ele saiu para esclarecer as ideias, e, então, foi ao bordel, onde havia uma jogatina.

As raparigas o fizeram beber além da conta, e, atrapalhado com o álcool, Albert apostou todo o dinheiro que levara, perdendo grande soma. Chegou a casa altas horas. Miriam estava inconformada.

– O que houve, Albert? Onde esteve?

– Na jogatina do bordel. Perdi todo o dinheiro que levei.

Ela chorou inconformada. Ele nunca fizera aquilo antes. Chamou-lhe a atenção e reclamou que estava perdendo a herança de Euriko no jogo.

Ele retrucou, dizendo que o filho não o amava, e que foi por esse motivo que ele fora ao bordel. Não esperava mais nada, pois o menino estava cada vez pior.

Ela o confortou, dizendo que, aos poucos, ele o conquistaria, mas que ele teria de ter juízo e cuidar do futuro da criança.

Ele deitou-se na cama. Mal conseguia raciocinar, o álcool já o havia limitado. As companhias inferiores do plano espiritual, acompanhavam-no.

Albert estava sendo obsidiado por maus espíritos, que queriam se vingar de um passado no qual ele havia destruído a felicidade deles. A intenção era deixá-lo na miséria.

***

No casarão, o comentário era sobre Mirka. Gerard não parava de elogiá-la, pedindo a Karla que ela a levasse até lá.

Naquele dia, Ludvig visitou a fazenda para buscar o neto para as aulas com Elizabeth, e insistiu que Mirka o acompanhasse.

Diante da insistência do avô de Dirk, ela seguiu com a carruagem. Chegou comportadamente vestida, num traje elegante, mas o seu encanto estava no olhar, que fascinara Gerard. Eles se cumprimentaram e ele beijou-lhe as mãos delicadamente, sem tirar o olhar do rosto ruborizado da jovem.

Na sala de chá, luxuosas cadeiras embelezavam o ambiente onde todos se acomodaram. A conversa animava todos os presentes. Jean afirmou que o romance com Karla acabaria em casamento no ano seguinte. Karla concordou com o noivo e eles traçaram planos para o futuro.

Mirka observou a cena e a paixão que os envolvia. Jean era alto e magro; tinha cabeleira farta e traços delicados. Gerard era um pouco mais velho; tinha olhos castanho-claros, cabelos lisos e um sorriso estonteante.

Os jovens franceses eram realmente homens interessantes. Paul era um pouco tímido; tinha porte elegante e barba cerrada.

De repente, Mirka se deu conta de que despertava para o amor. Havia muito tempo que nem notava os homens, sendo discreta e submissa. Sentia-se como se estivesse traindo Hendrick. Apagar a imagem dele era algo difícil e doloroso.

O chá da tarde foi servido no jardim, em meio ao cheiro das flores, e a conversa continuou até o anoitecer. O pequeno Dirk reclamou estar cansado e disse que queria voltar para casa. Karla insistiu que eles pernoitassem no casarão, mas Mirka havia prometido à mãe que a ajudaria pela manhã. Por esse motivo pediu a Ludvig que a levasse para a fazenda.

A conversa entre Karla e os franceses se estendeu e Gerard exprimiu o desejo de comprar uma propriedade por aquelas bandas.

Karla, curiosa para saber quais eram os seus pensamentos, perguntou:

– O que o motivou a comprar uma propriedade?

– Adoro o ar desta terra, quero uma fazenda onde eu possa ver a fauna e a flora colorindo as colinas, e, também, pelo fato de uma jovem senhora ter me inspirado, ainda mais, o desejo de possuir uma moradia aqui.

Karla sorriu com brilho nos olhos, pois queria muito que Mirka encontrasse um novo amor, mas afirmou que, casando, preferiria a França. Jean aplaudiu, pois ele jamais deixaria seu país. Assim, seu casamento seria perfeito.

Era a hora da ceia, que foi servida com pratarias e gosto requintado. Eles se sentiam em casa. Karla era muito hospitaleira.

***

Naquela noite, Albert chegou a casa e recebeu o carinho de Miriam. Embora estivesse aborrecida pela noite anterior, ela havia conseguido perdoá-lo.

Euriko estava se distraindo com um brinquedo novo. Albert se aproximou para beijá-lo e, mais uma vez, ele o rejeitou, correndo em direção à mãe e chorando muito.

Miriam o reconfortou, dizendo que talvez ele agisse daquela maneira por ser ainda muito novo e apegado a ela.

Passaram-se dias e Albert continuou bebendo. Em vez de ir para casa, ele ia para a jogatina. Certo dia, ele entrou no bordel com um bom dinheiro, reservado para comercializar um lote de madeiras no dia seguinte.

A bebida e a inexperiência com o jogo o fizeram perder tudo. Ele chegou a casa totalmente embriagado.

No dia seguinte, quando ele se levantou, Miriam perguntou:

— Foi à jogatina ontem?

— Fui, e perdi a cabeça. Gastei todo o dinheiro da compra das madeiras.

— Cada dia que passa o vejo mais desiludido. Eu não lhe basto?

— Sim, me basta! Mas a indiferença de Euriko me faz perder o juízo.

Ele se desculpou, prometendo que aquilo não aconteceria mais; faria de tudo para recuperar as perdas e, assim, partiu para a carpintaria, certo de que teria muitos problemas a resolver.

Miriam estava decepcionada. Queria um homem que lhe desse segurança financeira, e temia que o amante perdesse toda a fortuna, que estava acumulando durante aqueles anos de trabalho.

***

Naquela manhã de verão, Ludvig foi à fazenda buscar o neto e convidou Mirka para ir se aquecer nos jardins do casarão.

O pedido de Ludvig foi insistente, e ela cedeu aos apelos do sogro.

Ao chegarem, ela foi recepcionada por Karla e pelos amigos franceses.

Todos a recebem com alegria, e, em especial, Gerard, que se aproximou e disse:

— *Bonjour, mademoiselle*.

Ele tinha resolvido investir naquele romance, e não queria perder tempo.

Gerard expôs seus pensamentos, afirmando que desejava encontrar alguém especial para contrair matrimônio.

Mirka afirmou que esse era um passo muito sério e que seria necessário conhecer bem o companheiro, para não cair em desatino.

Ele comentou que conhecer um ao outro era uma etapa necessária, mas que seu coração falava alto, e queria lhe fazer a corte. Contudo, antes, teria de voltar à França para deixar os negócios acertados.

Com aperto no coração, ele lhe prometeu escrever, e, estonteado com a sua beleza, afirmou que o seu pensamento estaria sempre com ela.

Chegou o dia da partida e Ludvig levou os franceses para o porto.

Capítulo ii

O casamento duplo

A rotina de Mirka continuou, sempre às voltas com a cozinha, ajudando a mãe, pois, na fazenda, trabalho não faltava: desde ordenhar as vacas até alimentar os animais.

Ambas conversavam, enquanto o fogão a lenha cozinhava a comida lentamente. O pensamento de Mirka estava longe e, pensativa, ela comentou com a mãe:

— Mamãe, acha que Gerard se interessou mesmo por mim?

— Veremos! Se ele estiver mesmo interessado, logo receberá sua carta.

***

Os dias se passaram e, na moradia de Albert, a situação piorou. Em uma noite, quando chegou da jogatina embriagado, a mulher reclamou e chamou-lhe a atenção. Contudo, ele não lhe deu ouvidos e foi deitar-se. Não conseguia dialogar, estava completamente alheio a tudo.

No dia seguinte, após ele ter saído para o trabalho, Miriam resolveu procurar Denise, a dona do bordel. Chegando lá, ela a recebeu bem, procurando saber como estava o relacionamento com Albert.

– Como está, Miriam? Como vai a vida de casada?

– Péssima! Albert tem bebido muito, tem perdido muito dinheiro na jogatina. Eu já o aconselhei por diversas vezes, mas ele não me ouve.

– Eu pensei que teria um futuro promissor com Albert – retrucou a dona do bordel.

– Eu também pensei. Como faço, Denise? Os negócios dele estão afundando.

– Tenha calma, tentarei falar com ele assim que voltar ao meu estabelecimento.

Miriam foi embora, agradecendo a sinceridade da amiga, e voltou para casa. Seu filho havia ficado com Gertrudes, uma senhora viúva que, às vezes, ajudava-a a cuidar do pequeno, quando ela precisava sair.

Ela estava atormentada com o comportamento do amante. Teria de esperar pela ajuda de Denise, que sempre a aconselhava sobre seu destino.

Enquanto isso, na fazenda dos Dorth, Mirka recebeu a tão esperada carta, e a leu em voz alta para sua mãe, que era sua confidente:

Saudades,
Cara Mirka, estou longe, mas meu pensamento está perto de você.
Chego a contar os dias para o nosso reencontro. Só de lembrar-me de sua fisionomia, meus olhos se enchem de esperança.
Sei que passou maus momentos em sua vida, por esse motivo, desejo aliviá-la de todos os pesares. Sinto, a cada dia que passa, o desejo de reencontrá-la, e torná-la a mais feliz de todas as mulheres. Francamente, penso em voltar, fixar residência em sua amável terra e, após, desposá-la, para que sejamos felizes para sempre.
Aguarde-me, que eu estou resolvendo os meus negócios, e penso, em breve, retornar e rever o seu rosto, com seu singular sorriso.
Deste que espera os dias para viver intensamente este amor.

Gerard.

Após ler a carta e receber ver a aprovação da mãe, ela perguntou:

— Acha que Hendrick vai me perdoar se eu me casar de novo?

— Claro, filha! Ele sempre vai desejar o melhor para você e Dirk.

Naquela tarde, Mirka foi ao casarão em busca de conselhos; pediu que Ludvig a orientasse:

— Papai, Gerard me escreveu e quer desposar-me, acha que devo aceitar?

– Tem a minha aprovação, Mirka. Gerard é um ótimo pretendente.

Karla se antecipou à conversa e ficou imensamente feliz, já que Jean também a pedira em casamento e poderiam casar-se e festejar no mesmo dia.

Mirka estava confusa e caminhou pelos jardins, entre as tulipas. Ela acreditava que, um dia, Hendrick reapareceria.

Ao voltar, Karla percebeu que Mirka estava muito aflita.

– O que sente, Mirka?

– Temo que se eu me casar de novo, Hendrick não me perdoe.

Karla lhe aliviou, dizendo que Hendrick era uma pessoa boníssima e que gostaria de vê-la feliz, embora não pudesse estar com ela. A cunhada opinou que, talvez, ela viesse a ter uma visão do espírito do irmão, e que, com certeza, ele aprovaria o casamento. No calor da emoção da notícia do casamento, Karla convidou Mirka para ir ao seu quarto, queria mostrar-lhe seu enxoval e encomendar as mesmas peças, vindas de Paris, para a cunhada.

As duas se afinavam cada vez mais. Mirka estava feliz, sua família também. O que poderia querer mais? – tudo andava como sonhara um dia.

***

Miriam, ao contrário, estava vivendo um pesadelo. De nada adiantara os conselhos de Denise. Naquela noite, Albert chegou transtornado. Ela quis saber o que estava acontecendo, e ele afirmou ter jogado com profissionais, e perdido a casa em que moravam. Ela, em prantos, exaltou-se:

— Perdeu a cabeça, Albert? O nosso lar vai desmoronar!

— Não se preocupe, tenho a cabana, poderemos nos mudar para lá.

— É muito distante, ficarei afastada de todos — reclamou Miriam.

Ele prometeu reverter a situação. Seria por pouco tempo, recuperaria toda a fortuna, e poderia lhe dar o conforto de antes.

A família de Albert se mudou para a cabana. O ambiente simples desgostou Miriam, que não conseguia disfarçar seu sentimento, queixando-se do lugar rude e agreste. Os desentendimentos começaram. Miriam odiou a simplicidade da cabana. Naquela noite, o menino teve pesadelos e acordou assustado:

— Mamãe, tenho medo deste lugar.

— Não tenha receio, filho, eu estarei sempre por perto.

A cabana fazia Euriko ter a sensação do que ocorrera quando Albert batera em Mirka, fazendo-a abortar. Isso ainda traria sérios problemas para o menino.

Miriam, acostumada com mordomias, não se adaptava àquela vida.

No inverno, não tinha como sair de casa, a neve a impedia.

Albert parou com a jogatina, mesmo porque não tinha mais nada para jogar. Ele tentava fazer com que Miriam entendesse o seu deslize, mas o relacionamento dos dois esfriou.

***

Mirka estava em sua fazenda quando recebeu outra carta de Gerard, na qual ele avisava que logo que chegasse a primavera, estaria de volta para vê-la, e resolver suas pendências.

Ela estava ansiosa, ainda não tinha obtido uma resposta de Hendrick, mas aguardaria sua aparição, já que a decisão dele lhe era importante.

O inverno terminou e os brotos salpicavam o prado.

Karla recebeu a visita de Jean e Gerard, que chegaram alegres e enamorados.

Ludvig foi buscar Mirka para revê-lo. Assim que chegaram ao casarão, Gerard se antecipou e beijou-lhe as mãos.

– Que saudade!

– Também estimo vê-lo!

Gerard lhe contou as novidades da França e disse que se preparava para comprar uma propriedade. Os ares da Holanda lhe trariam muitos benefícios.

Ludvig o incentivou:

– Amanhã mesmo iremos visitar uma propriedade que está à venda.

– Iremos, sr. Ludvig! – afirmou Gerard.

Dirk já tinha sido informado sobre o casamento da mãe. Ele era um menino compreensivo e fazia gosto que tudo desse certo.

Gerard, sabendo da aprovação do menino, logo lhe fez mimos. Trouxe-lhe presentes de sua terra e prometeu que seriam ótimos amigos. Ele era sincero e tinha pureza de alma.

No dia seguinte, Ludvig levou Gerard para ver uma propriedade nas proximidades. Ao chegar, ele se encantou. A plantação era vasta, os moinhos de vento mantinham a terra seca, o que favorecia o plantio. A mansão era belíssima, a perfeição tomava conta do espetáculo.

Gerard acertou o preço com o proprietário e disse-lhe que levaria a futura esposa para conhecer a propriedade. Se ela aprovasse, o negócio seria concretizado.

Enquanto isso, Mirka andava pela plantação de tulipas. Queria muito saber a opinião de Hendrick, e ele, com a permissão do plano espiritual, manifestou-se:

– Aqui estou, Mirka. Como está nosso filho?

– Muito bem. Como sabe, sua família nos apoia.

– Sei, e estou feliz. Soube do seu casamento.

– Então, você me dá sua permissão para o matrimônio?

— Claro! Foi uma escolha certa, tenho certeza de que ele será um bom marido e cuidará do nosso filho.

— Hendrick, quando voltará?

— Cada vez menos, já que todas as coisas tomaram seu rumo, eu preciso seguir os meus desígnios.

A imagem sumiu aos poucos, enquanto uma luz a acompanhou. Ela chorou, apesar de saber que faria um bom casamento, mas Hendrick seria sempre uma doce lembrança.

Ela participou a aparição de Hendrick aos Willickens, relatando os fatos. Todos estavam sensibilizados e certos de que o casamento de Mirka tinha a aprovação de Hendrick.

Gerard lhe contou sobre a propriedade, a beleza do local, dizendo que só a compraria após a sua avaliação. Assim, convidou-a para conhecer a fazenda no dia seguinte.

Jean ficou empolgado com o empenho do amigo. Contou a todos que sua propriedade, na França, estava sendo reformada para o casamento. Karla se alegrou com a notícia.

No dia seguinte, Gerard e Mirka foram até a propriedade rural, e ela ficou fascinada admirando o lugar. Os animais e os cavalos lhe chamaram a atenção, sem contar o luxo da mansão e os imponentes jardins.

Com brilho nos olhos ela exclamou:

— Isto é muito mais do que imaginei!

Gerard avisou ao proprietário que seu procurador de negócios chegaria por aqueles dias e efetuaria a compra do imóvel.

Mirka estava radiante, não acreditava no que se passava, principalmente naquele casamento repentino. Assim, convidou Gerard para ir à fazenda conhecer seus pais e oficializar o noivado.

Os Dorth gostaram do jovem e lhe ofereceram um chá, com algumas delícias caseiras.

Hugo o convidou para ir à sala da lareira e, lá, conversaram sobre terras e política. Os dois se afinaram e notava-se o contentamento do simples fazendeiro, que via a filha em vias de realizar um bom casamento.

***

Na cabana, Miriam, entediada, colocou o filho na charrete e o levou até Gertrudes. Pediu a ela que cuidasse do menino até sua volta.

Ela saiu à procura de Denise, que a atendeu com muito carinho.

– Como está, Miriam? Adaptou-se à cabana?

– Claro que não, é difícil levar essa vida sem conforto. Quero deixar Albert.

– Não se precipite, não tem recursos para sobreviver sozinha.

Denise, sabendo das necessidades de Miriam, contou que seu antigo cliente, Rodolfo, estava no bordel e havia perguntado por ela. Ele era um francês, rico, que volta e meia estava a negócios na Holanda. Denise a orientou a seduzi-lo e conquistá-lo novamente, pois assim, ele lhe daria uma boa quantia.

Nesse dia, após revê-lo, Miriam começou um romance secreto, que prometia durar.

Voltou para casa com o filho, antes de Albert chegar, pois este estava atarefado, tentando se recuperar das perdas.

À noite, o marido acariciou a mulher, que fingiu estar adoentada.

No dia seguinte, pela manhã, Euriko estava acordado e o pai tentou acariciá-lo, mas ele o repeliu e disse em um tom forte:

— Eu não gosto do senhor!

Albert sentiu como se uma faca atravessasse o seu coração. Era horrível ver o menino assim, tão distante. Ele disse a Miriam que chamasse um médico para examiná-lo. Diante daquela cena, ela estremeceu e percebeu que algo muito ruim afastava os dois.

Depois que o marido deixou a casa, ela questionou o filho sobre aquele sentimento tão difícil em relação ao pai. Euriko respondeu que sentia medo dele e que não queria ser tocado por ele. Estava próximo da data de seu aniversário de cinco anos, e parecia que ele já sabia exprimir seus sentimentos, embora fossem incompreensíveis e fora do normal.

Miriam saía quase todas as tardes e o deixava aos cuidados de Gertrudes. Ela ia se encontrar com Rodolfo, que a enchia de mimos e joias.

Em uma tarde, quase ao anoitecer, ela chegou à cabana e encontrou Albert, que a questionou sobre o horário e o porquê de sua saída.

Astuta, Miriam disse ter ido à cidade comprar algumas provisões e alguns remédios, com um pouco de suas economias.

Apesar de contrariado, ele a desculpou, pois era difícil argumentar com uma pessoa tão ardilosa!

O dinheiro que o amante lhe dava ela guardava, às escondidas, para se prevenir quanto ao futuro, e quanto a um possível rompimento com Albert.

Naquela noite, o menino teve outro pesadelo. Foi difícil acalmá-lo. O pai estava preocupado e resolveu que chamaria o doutor o quanto antes.

Após o marido ter saído pela manhã, o menino lembrou-se do pesadelo e comentou com a mãe que alguma coisa estava enterrada debaixo da Nogueira. Ela, então, pegou a pá e escavou, encontrando um embrulho com ossos de um pequeno feto. Olhando para o embrulho, Euriko disse que aquilo o fazia sofrer. O menino chorou e ela orou pela alma daquele feto.

Mais tarde, contou a Albert o acontecido, e ele, aturdido, disse:

— Como ele descobriu? Foi um aborto que Mirka sofreu quando morávamos aqui.

Miriam disse que o filho estava muito sensível e precisaria de uma avaliação médica, bem como, talvez, ajuda da igreja.

Mais tarde, Albert chegou com Bill, que examinou a criança e nada encontrou.

O médico disse que Euriko estava saudável e que, talvez, tivesse estranhado a casa. Ele receitou um chá calmante para que o menino pudesse dormir bem e se acostumar com a cabana. Disse que muitas crianças eram sensíveis.

Logo que o doutor se retirou, Miriam agrediu Albert com palavras, dizendo que a mudança de casa havia afetado Euriko, e que o menino estava sofrendo dos nervos por culpa dele.

Albert se defendeu, dizendo que estava trabalhando duro para reconquistar tudo o que havia perdido, e para lhe dar outra morada. E afirmou que faria de tudo para ver o filho bem.

O clima estava tenso, e a noite passou depressa. Somente o sono os consolava, após aquela tensa discussão.

Albert levantou-se cedo e prometeu à mulher que trabalharia dobrado. Sendo assim, ela se viu ainda mais livre para os encontros com Rodolfo.

Ele fazia todos os seus gostos, principalmente porque havia ficado alguns anos sem vê-la. Encontravam-se no quarto mais luxuoso do bordel.

— Por que demorou tanto para voltar? Não consigo ficar sem você.

— Minha situação com Albert está cada vez pior; penso deixá-lo para sempre.

Com todos os carinhos de Miriam, Rodolfo se deixou vencer e lhe deu uma boa soma em dinheiro, mais do que costumava lhe dar.

Ela foi embora satisfeita e chegou à cabana antes do marido. A charrete estava sempre à sua disposição.

Estava tão feliz que tratou bem o marido, quando este retornou ao lar. Albert nem desconfiava da traição de Miriam e trabalhava satisfeito para proporcionar uma vida melhor à família.

***

Enquanto isso, no casarão dos Willickens, Mirka foi pedida oficialmente em casamento. Gerard colocou o anel de compromisso em sua mão e foi marcada a data.

Beatriz cumprimentou os noivos e desejou-lhes muitas felicidades, com sua bênção.

Ludvig e Karla os abraçaram. Era um momento de felicidade, que comovia o coração de todos.

Jean disse querer casar-se no mesmo dia que o casal, e Karla, radiante, disse que já começaria a cuidar dos preparativos para a festa, um evento muito importante.

Karla rodopiou o sobrinho e Dirk aceitou bem a ideia do casamento, pois queria que a mãe fosse feliz.

Gerard fez questão de participar aos Dorth e partiu com Mirka para a fazenda. Sendo bem recebido por Hugo e Erika ele os avisou sobre a data do casamento. Hugo disse ter muito gosto no casamento e pressentiu que a filha seria feliz.

Gerard confirmou a compra da propriedade e os convidou para morar com eles. Contudo, Hugo, reservado e apegado às suas raízes, agradeceu e rejeitou o convite.

Van e Frans também foram comunicados. Eles tinham planos de fazer outra morada quando se casassem. E pretendentes não faltavam, já que eram vistosos e alegres.

Os preparativos para a festa se arrastaram por longos dias. Tudo era de bom gosto e requinte. O salão de festas foi preparado para os convidados, e os jardins dispunham de vários assentos de ferro, decorados com arabescos e almofadas macias para que os convidados pudessem aproveitar toda a beleza com conforto.

A mesa no salão apresentava vários doces finos e iguarias, que não deixavam a desejar a nenhuma festa em Paris.

As noivas estavam estonteantes, com vestidos de estilistas europeus. O noivos vestiam *smoking* e deslumbravam a visão.

Kall celebrou o casamento, já que considerava o casamento de Mirka anulado. A cerimônia seguiu nas normas habituais.

Hugo e Ludvig abençoaram as noivas. Depois da festa, Mirka seguiu para a nova propriedade para viver um amor cheio de esperança e dedicação.

Karla, no dia seguinte, despediu-se dos pais no porto e partiu para a França, onde residiria com o marido, que tinha negócios antigos e enraizados naquele país.

Dirk já havia se instalado em seu novo quarto, muito além de sua expectativa.

Começava uma nova vida para Mirka. Viver naquele lugar, onde a vegetação e os arvoredos se espalhavam ao longo da propriedade, era um verdadeiro sonho. Como gostava muito de equitação, ganhou um belo cavalo de Gerard, que tentava adivinhar seus desejos.

Parecia agora que o passado ruim desaparecera, e dera lugar a fatos novos e deslumbrantes.

**

Para Albert, o pesadelo mal começara. Ele sentia na pele a falta do amor do filho, esquecendo-se da negligência que tivera antes, com Dirk. Isso acontecia porque a Lei do Retorno devolve todo o mal praticado. Além disso, ele tinha dívidas do passado com Euriko. Não adiantava os argumentos do pai para obter carinho do filho, parecia que ele não iria mudar; estava cada vez mais arredio. Desolado, Albert se queixou à mulher:

– Que destino o meu! Euriko não se afina comigo. O que fiz para merecer isso?

Miriam não disfarçava, estava alheia, com o pensamento em Rodolfo. Notando sua distância, Albert questionou sobre sua indiferença. Miriam se defendeu, dizendo estar preocupada com o futuro deles, pois Euriko não se acostumava à cabana, e ela temia que ele piorasse dos nervos. Ele rebateu a argumentação e disse estar se esforçando para comprar outra residência e começar uma vida nova.

Assim, os dias foram passando. Miriam, sempre que podia, ia ver o amante e passava horas agradáveis com ele, enquanto Albert nem desconfiava da traição da mulher.

***

Passaram-se meses. No casarão, Ludvig comentou com Beatriz que sentia falta de Karla e que a saudade estava apertando seu coração. Ambos concordaram que ela demorava a visitá-los. Pensaram que, logo, viajariam à França para vê-la.

Dirk preenchia a vida dos Willickens, que faziam questão de cuidar de sua educação. As aulas com Elizabeth estavam progredindo. Eles queriam criá-lo como um verdadeiro lorde. Ele passava as tardes com os avós. Depois da aula, Ludvig o levava para a mãe, que o cercava de carinhos e, todos os dias, ela o aguardava na varanda. Isso se tornara um hábito.

Certo dia, Gerard convidou Ludvig a entrar na sala principal. Ao se acomodarem, o anfitrião lhe ofereceu um uísque. Os homens conversavam sobre negócios, e Ludvig se interessou pelo andamento da fazenda:

– Como está o progresso da fazenda?

– Ótimo! Os funcionários são fiéis e trabalhadores. Logo terei colheita farta. A vida de fazendeiro está me fazendo muito bem.

Diante da conversa, Gerard comentou que gostaria de ter um filho, pois só faltava isso para que se realizassem totalmente. Mirka ouviu a conversa, pois acabara de entrar para oferecer uns quitutes. Ela não havia lhe escondido o fato de que, após o aborto, o doutor teria suspeitado de que seria muito difícil ela engravidar. Para acalmar a ansiedade do marido, ela o lembrou, em tom carinhoso e suave:

– Querido, temos muito tempo ainda, somos muitos jovens!

– Sou compreensivo, qualquer dia desses eu vou levá-la aos médicos da França, pois a medicina lá é mais adiantada.

Willickens também sabia da impossibilidade de a jovem ter um filho, já que a sua saúde havia sido comprometida pelo aborto, mas acreditava que para Deus nada era impossível.

A noite caiu e Ludvig se despediu do casal. Tinha de voltar para casa para fazer companhia à esposa.

Na manhã seguinte, o sol já despontava. A primavera cedia lugar ao verão. As tulipas estavam mais floridas, porque o calor as ajudava a crescer. Beatriz foi sentar-se no jardim, onde se sentia aquecida. Pediu ao mordomo para lhe servir o café. Ele orientou a copeira para arrumar a mesa e servir o dejejum a ela. No casarão havia muitos empregados, porque o serviço a ser realizado era bastante.

Aquele era um dia calmo; a preocupação dos Willickens era fazer o neto feliz. Todos os dias eles arrumavam um pretexto para agradá-lo, desde um bolo surpresa até brinquedos novos.

Na mansão, Mirka preparou o dejejum para o marido e levou a bandeja à cama, dispensando a copeira para servir-lhe.

— Está me fazendo ficar mal-acostumado, desse modo vou ficar mimado.

— Não é bom?

— Claro que é! Qualquer dia desses tenho de surpreendê-la.

Os dois estavam na maior sintonia. Ela estava satisfeita; Gerard era o homem certo; maduro e respeitador e, antes de tudo, amava-a e demonstrava isso a todo instante.

A situação do momento era de muito amor. Os Willickens também a tratavam como uma verdadeira filha. Ela andava preocupada com a possibilidade de não ter mais filhos. Percebia que isso era importante para o marido. Sentia-se impotente e, para distrair-se, resolveu caminhar entre as tulipas. Sem que esperasse, o espírito de Hendrick se materializou:

– Olá, Mirka?

– Hendrick, tem algum motivo para estar aqui?

– Tive permissão para avisá-la que Deus lhe concederá mais um filho.

Ela recebeu a notícia e ficou paralisada de tanta felicidade.

– Desejo que seja feliz, Mirka. Quero que se complete com a maternidade.

– Fique mais um pouco, Hendrick.

– Não posso. Sempre vou protegê-la e também ao nosso filho.

Ele sorriu com candura e partiu. Depois disso, Mirka relatou aos Willickens a mensagem de Hendrick.

Beatriz pediu notícias do filho, e Mirka afirmou que ele estava em paz, com saudades de todos. Beatriz, pensativa, afirmou:

– Meu filho sempre me surpreende!

Retornando para sua casa, Mirka pensou em contar ao marido sobre a visão de Hendrick e sua mensagem. Mas, por saber que ele era cético, resolveu guardar o segredo e esperar a gravidez acontecer para poder comemorar.

Gerard não tinha compreensão dos espíritos, já que a sua formação religiosa era outra. Tratava do assunto como crendice do povo. De fato, naquela época, esse entendimento era muito vago. Somente as pessoas sensíveis é que sentiam os espíritos, e não contavam as experiências, com medo de serem tratadas como doentes mentais ou praticantes de bruxaria.

***

No bordel, o amante de Miriam a esperava com uma caixinha de veludo, que lhe deu de presente com muito carinho.
— Que bela gargantilha! Não mereço!
— Merece tudo, e não vejo a hora que deixe Albert para sempre.
— Obrigada, Rodolfo, é um homem encantador.
Ambos passaram uma tarde agradável. Mas um fato novo a aguardava. Ao chegar a casa encontrou Albert.
— Onde esteve? — perguntou com a feição transtornada.
— Estive na cidade fazendo algumas compras.
— Andrew me contou que esteve no bordel.
Ela se justificou tentando provar que ele era um homem doente, atormentado por seu passado. Albert desconfiou e deixou claro que descobriria a verdade, que não faltariam delatores que o ajudariam a

desmascará-la. Naquele momento ele foi despertado pela raiva e os espíritos vingativos agiram com mais precisão. Foi uma noite muito difícil, por mais que ela o agradasse, ele não cedia, e continuou com o tom rude de sua voz:

— Deixe-me, Miriam!

Pela manhã, como de costume, Albert foi para a carpintaria. Ele conhecia um homem que tinha o tempo livre, e lhe propôs, em troca de certo montante, que ele a vigiasse e descobrisse alguma falha. Passaram-se os dias e Miriam não saiu mais de casa, pois estava temerosa com a possível descoberta do marido, e receava uma violência contra ela.

O homem de nome Allan, que a vigiava, não descobriu nada, mas Albert sugeriu que a seguisse por mais algum tempo. A princípio, ele ficou aliviado e achou que Andrew havia cometido uma injúria, talvez a desconfiança dele com as mulheres o tivesse envenenado.

Em um dia daqueles, em que ainda era vigiada, achando que a situação estava resolvida, pelo fato de o marido a estar tratando bem, Miriam resolveu ir ao bordel à procura de Rodolfo. Logo, Albert foi avisado e, descontrolado, foi ao meretrício, à procura de Miriam. Assim que Denise percebeu sua presença, pediu a uma meretriz que fosse avisá-la em seu quarto. Ao receber a notícia, e ardilosa como sempre, Miriam desceu ao salão.

— Albert? Vim visitar Denise, sinto falta de sua amizade, nem pense em traição.

— Onde está Euriko?

— Com Gertrudes, não acha que eu o traria aqui? Não é?

Miriam se despediu da amiga, e os dois foram pegar o menino com Gertrudes. A mulher demonstrou preocupação e certo desconforto, o que não passou despercebido por Albert. Agora ele estava realmente desconfiado de que ela lhe ocultava algo.

A charrete chegou à cabana. Logo que entrou, Albert perdeu o controle e, aos gritos, exigiu uma explicação. Mas Miriam balbuciava e se traía ainda mais. Perdendo a paciência, ele a agrediu, deixando-a com grandes hematomas. O filho ficou assustado por ver a mãe daquele jeito, e o pai, tomado pelo ódio, saiu e foi ao bordel se divertir com outras mulheres.

Miriam, mesmo sentindo dores, confortou o filho, que chorava compulsivamente e que, inexplicavelmente, lembrou-se do aborto de Mirka.

— Mamãe, foi assim que papai fez com Mirka. Ele bateu nela até ela perder o filho. Estou me lembrando disso.

Miriam não conseguia entender, mas Euriko sabia do passado de Albert. Lembrava-se da tragédia acontecida em um passado em que viveram juntos, porém, achava que ele logo esqueceria.

Ela tentou desviar o pensamento, mas ele disse para a mãe que Mirka havia sido o elo para que os dois se encontrassem para resgatarem as diferenças, mas pela negligência de Albert, o nascimento não aconteceu. Miriam achou que o filho estava delirando.

– Que tolice, filho, vou lhe dar um chá calmante.

Ela cuidou dele, acariciando-o, e o colocou na cama até que pegasse no sono. Estava decidida: daria novo rumo à sua vida.

Albert chegou muito tarde e embriagado. Ela deixou que ele dormisse para não importuná-lo, mas estava abatida e o sono não veio. Pensou, então, como teria sido a vida de Mirka com um homem rude e violento.

Miriam resolveu ficar em casa, quieta e esperar o momento certo para agir. Não queria colocar sua vida e a do filho em risco com a violência de Albert.

**

Mirka estava radiante; as regras não se manifestaram e ela resolveu contar ao marido.

– Ainda dorme, querido?

– Não, já vou me levantar, tenho compromissos logo cedo.

– Quero lhe dar uma ótima notícia. Estou grávida, teremos um bebê!

Ele a abraçou e chorou no seu ombro, estava realmente desejando ser pai.

Gerard tivera ótimas referências de Frederico, que havia se especializado na França, e a havia acompanhado.

Mirka queria escrever o mais rápido possível para os pais de Gerard, para que logo soubessem da novidade. Isso lhe trazia grande satisfação. Ela comentou que havia recebido uma carta de Karla, contando que eles estavam se divertindo muito e não pensavam em ter filhos, porque a vida social deles era incrível e eles adoravam as festas e os passeios.

Gerard era diferente de Jean, mais compenetrado nos afazeres. Sempre pensou em ter um lar para cuidar da família, e queria muito ter um herdeiro.

Ele fez questão de contar a Dirk, indo procurá-lo. O menino ainda estava na cama, mas acordando e se espreguiçando, quando o padrasto lhe disse:

– Tenho uma novidade, espero que goste. Você vai ter um irmãozinho.

– Que bom! Quero ver a mamãe!

Ele era meigo e carinhoso, muito parecido com Hendrick, e queria o melhor para a mãe. Iria gostar muito de uma nova companhia.

Entrando no quarto do casal, ele acariciou a mãe e disse que estava muito feliz com a notícia, e ansioso para que o bebê viesse logo ao mundo.

Naquele dia, Ludvig foi visitar Mirka e ficou feliz com a novidade. Ele disse que Beatriz ficaria radiante e escreveria a Karla para contar o sucedido.

Mais tarde, o cocheiro levou Mirka na charrete para a fazenda dos Dorth. Ela queria ser a primeira a contar a novidade. Sua mãe a recebeu e a elogiou:

– Como está bela! Tem um brilho nos olhos. Está feliz?

– Sim, mamãe, vim avisá-la de minha gravidez, que é um milagre.

Erika chamou Hugo para a conversa e contou a novidade. Ele se disse satisfeito e pediu que Deus abençoasse a gravidez e a mantivesse com muita saúde.

Notando a falta dos irmãos, Mirka perguntou à mãe sobre eles.

– Como estão Van e Frans?

– Bem! Van arrumou uma pretendente e decidiu que vai se casar em breve.

– Terão muitos netos ainda, não é papai?

Ele sorriu com expressão doce e carinhosa. Ver a felicidade dos filhos era o mais importante, depois de tanta luta e sofrimento.

Erika chamou a filha na cozinha para lhe preparar um chá. Enquanto se serviam, colocaram a conversa em dia. Erika falou sobre o cotidiano da fazenda e contou que os filhos haviam se tornado homens responsáveis, apesar de serem jovens, e das rabugices de Hugo, que conservava o ar de durão e disciplinador. Por sua vez, Mirka não escondeu a felicidade com o casamento e a alegria de ser mãe novamente. Seu marido estava pisando nas nuvens e fazia planos para a criança. Se fosse menina, seria tratada como uma princesa: estudaria nas melhores escolas, aprenderia idiomas e se especializaria cursando uma faculdade na França. Se fosse homem, estudaria, com rigor, em escola de Administração, para que tomasse gosto pelos negócios, pois, mais tarde, seria seu sucessor.

Falar sobre o futuro era algo realizador para Mirka, que antes havia perdido a esperança em dias melhores, mas que, agora, podia sonhar de fato e ter a certeza da felicidade, pois os filhos teriam um destino promissor, principalmente Dirk, pois estava adiantado nos estudos, tinha aulas de línguas, de literatura, e estava tomando gosto pela arquitetura.

O tempo passou depressa. Era muito agradável ficar uma tarde com a mãe, mas era necessário voltar para casa e cuidar de suas tarefas. Ao chegar a casa, Mirka encontrou Gerard, que a aguardava ainda mais carinhoso. Ele a tratava como cristal raro, principalmente porque carregava, no ventre, o fruto daquele amor. Não lhe poupava elogios, dizendo o quanto ela resplandecia, enternecido com sua gravidez. Ele a convidou para a sala da lareira, e ambos se acomodaram, aguardando a ceia. Gerard comentou a expectativa da espera do filho, desde que encomendara, à mãe, o enxoval mais requintado de Paris. Ela iria enviá-lo por navio. A mãe, Isadora, bordaria os lençóis que acomodariam o neto. Já o pai, Ernest Bourchier, fazia planos, principalmente se fosse um herdeiro homem, afinal, sua fortuna seria também dos seus descendentes.

***

Enquanto isso, Miriam se isolava na cabana. Não se atrevia a ir ao encontro de Rodolfo, pois seria perigoso demais. O marido, furioso, poderia matá-lo. Ela não tinha dúvidas sobre a característica violenta do companheiro, e de que, dele, poderia esperar os piores reveses.

Estava perdida em seus pensamentos quando alguém bateu à porta.

Ela abriu. Era Denise, que entrou rapidamente, com medo de ser vista, principalmente por Andrew, que era intrigueiro e destruidor de lares. Ela abraçou Miriam e disse que tinha um recado:

— Temo por você. Albert tem rondado o bordel, precisa se precaver sobre sua ira. No momento, o melhor é aguardar.

Miriam escutou, atenta, os conselhos da experiente Denise, que lhe prometeu que teria uma conversa com Rodolfo, já que a amiga insistia que queria separar-se de Albert. Pediu que Miriam tivesse paciência, pois assim que tivesse um plano traçado, iria avisá-la para colocá-lo em ação.

Denise apressou-se em sair, pois não queria encontrar-se com o rude e desiquilibrado amante de sua melhor amiga. À noite, Albert chegou à cabana e se preocupou ao ver o filho tomando calmante. Isso não era nada bom. Seus nervos pioravam, ele estava sempre sonolento, e Albert não podia sequer conversar com ele ou inventar uma brincadeira para distraí-lo. Com isso, a relação entre eles estava cada vez mais nula. O pai sentia-se culpado de tê-lo tirado do conforto da outra residência. Talvez tivesse sido isso que havia desencadeado a doença do filho. Albert pensava em trabalhar mais e tinha planos para aumentar os lucros a fim de poder comprar outra propriedade e devolver a ele sua saúde.

O menino adormeceu, parecia tranquilo.

Albert, tentando se reconciliar com a mulher, falou com esperança na voz:

— A nossa vida está muito difícil, mas deve me perdoar, ainda poderemos salvar a nossa união.

— O que posso fazer, Albert? Tenho sido uma ótima esposa e uma mãe exemplar. Foi você que colocou más ideias em sua cabeça.

Ele expressou suas vontades, pedindo à companheira que esquecesse Denise. Ela era parte de seu passado e ele não gostaria que fosse visitá-la no bordel, pois isso gerava comentários maldosos e, mais tarde, Euriko sofreria se soubesse de seu tenebroso tempo de atividade como meretriz.

Ela concordou, fingindo sentir-se culpada. Afirmou estar arrependida de seu passado e disse que faria de tudo para reconstruir a união, além de terminar a amizade de Denise. Ela tentava ganhar tempo. Com gentileza, ela o convenceu de que, dali em diante, as coisas tomariam um rumo diferente, pois ela viveria exclusivamente para a família. Contudo, em seu pensamento, ela maquinava um plano para se ver livre daquele compromisso, que deixara de ter importância havia muito tempo, desde a sua mudança para a cabana, que foi sucedida pelas graves agressões que vinha sofrendo.

Albert era um homem de caráter duvidoso. Sentindo-se mais seguro no decorrer dos dias, ele deixou de rondar o bordel e passou a se dedicar mais ao trabalho. Em casa, cobrava os carinhos de sua amada que, por sua vez, fazia de tudo para disfarçar o nojo e a indiferença que sentia.

Algumas vezes, por causa de gênio forte, ele ainda tinha crises de ciúmes ao lembrar-se de tê-la visto no bordel, e mostrava-se desconfiado. Mas ela sempre conseguia, com palavras doces, convencê-lo de que ele era o único homem de sua vida. Assim, ela contornava as cenas e as desavenças para ter algum alívio, e vivia na expectativa de uma resposta positiva de Denise.

No bordel, a meretriz contou a Rodolfo sobre a infeliz vida que Miriam estava levando com Albert, e pediu a ele que tomasse alguma providência, clamando por caridade, para tirá-la daquela situação. Solicitou que ele a levasse embora e fizesse dela a mulher mais feliz do mundo. Ele prometeu que tentaria encontrar uma solução, mas disse que, naquele momento, tinha de voltar à França, pois alguns negócios estavam pendentes, necessitando de sua presença. O melhor seria esperar.

Assim, Denise deu o recado a Miriam, que se desconsolou, afirmando que era um tormento ter de viver ao lado daquele homem, que mal suportava olhar.

Denise se apiedou e a consolou, aconselhando-a e pedindo que aguardasse outras notícias.

CAPÍTULO 12

A chegada do filho Bourchier

Passaram-se meses. Mirka aguardava ansiosa a chegada do filho. Frederico estava hospedado em sua mansão para dar assistência ao fim da gravidez, que poderia acontecer a qualquer hora. Gerard Bourchier a cercava de cuidados, como uma boneca de louça, frágil e bela.

Naqueles dias, a gestação estava muito sensível. Mirka sentia dores e desconforto. O doutor afirmava que era normal, pois o feto se movimentava, para se colocar de forma confortável, para vir ao mundo.

Muito eficiente, o médico preparou o parto, com a ajuda de uma criada, que ferveu água e levou toalhas limpas. Com sua experiência, ele trouxe ao mundo o rebento, que chorava muito alto, para a felicidade da mãe, que soube por ele que a criança era perfeitamente saudável.

O pai, do lado de fora, escutou o choro da criança, que ecoou em tom forte e revigorante. Esperava que o doutor o chamasse à presença da esposa, e logo isso aconteceu. A criada foi chamá-lo e, ao entrar, seu coração disparou. Era inacreditável ter seu filho chegando ao mundo, embrulhado em lençol branco e macio. Era tudo o que os pais esperavam, ter o filho nos braços! Ele se aproximou da esposa e, com voz embargada e preocupado, perguntou:

– Sente-se bem, sua saúde está assegurada?
– Muito bem, Gerard! – disse, expressando felicidade. E, colocando a criança nos braços do pai, exclamou, na euforia do momento:
– Olhe, a nossa filha, não é linda?

Ele observou atenciosamente. O rosto tinha traços finos e delicados, uma preciosa pérola, daquelas raras, que somente Deus poderia criar.

A criança mexia as mãozinhas ainda frágeis e esboçava covinhas na face. O deslumbramento tomou conta dele, e sua alma suspirou:

– Minha menina! É bela e delicada como sua mãe.

Era um momento único; ele beijou a face de Mirka, agradecendo a preciosa filha, que seria o ser mais importante de sua vida.

Gerard agradeceu ao doutor, exaltou sua capacidade e experiência, e, como as criadas iam cuidar da higiene da criança e da mãe, eles se retiraram do quarto para se acomodarem numa sala quente e convidativa. Ele ofereceu um uísque a Frederico e, juntos, brindaram à saúde da criança e à breve recuperação da mãe.

Depois de relaxados pelo sabor do uísque, Frederico também falou de sua família. Confessou que se apaixonara por sua esposa, Brígida, assim que a vira.

– Foi numa tarde – disse, relembrando o passado.
– Fui visitar minha tia, Vitória que, já bastante idosa, inspirava cuidados. Havia pouco tempo que ela voltara da Inglaterra e havia trazido uma dama de honra para lhe fazer companhia. Logo que coloquei os olhos na beldade ruiva e tímida, senti perder o chão, foi algo muito forte, que nunca acontecera antes. Após isso, além de cuidar da tia Vitória, passei a cortejá-la. Não foi muito fácil, mas Brígida se deu por vencida e acabamos contraindo matrimônio.

A conversa se alongou. Frederico concordava que a união, depois da vinda dos filhos, ficara ainda melhor, pois tinham de pensar nas crianças, no futuro delas. Mas a esposa era tão solícita que jamais perdeu a compostura. Ele atribuiu a ela a incumbência de criá-los durante sua ausência. Ele progredia como médico, fazendo especializações na Europa. Ela sempre era companheira, carinhosa e compreensiva. Ele acrescentou:

– Tenho três filhos, os dois primeiros, homens e jovens adolescentes, já a pequena Charlote, é a menina dos meus olhos; herdou a qualidade da mãe, é tão parecida que o homem que a desposar será feliz como eu.

— Isso me alegra — disse Gerard. — Não é difícil criar uma menina?

— Qual nada! Elas são obedientes e apegadas a nós, "os pais".

A criada entrou e interrompeu a conversa. Ofereceu-lhes alguns petiscos e suco de frutas frescas, colhidas do pomar da fazenda. Eles continuaram conversando assuntos que iam da família à política. Já estava na hora de voltarem ao quarto para rever Mirka. O doutor queria examiná-la mais uma vez, antes de voltar para casa, pois já estava havia três dias longe da família. Ele queria retornar o mais breve possível. Examinou a mãe e a criança, prescreveu remédios e pediu que ela fizesse o repouso necessário após parto. Prometeu visitá-la todas as semanas. Gerard ficou de avisá-lo sobre qualquer imprevisto.

Frederico se retirou, acompanhado pela empregadas, que o levou até a porta. Gerard sentou-se ao lado da esposa e a fitou nos olhos, que eram azuis e transparentes, assim como sua alma, límpida e tranquila.

Criou-se uma atmosfera de luz, na qual Hendrick e seu superior os abençoaram com fluidos energéticos para a cura da mãe e a saúde da criança. Deixaram que a energia os envolvesse para levar tranquilidade ao casal.

Gerard expressou a vontade de escolher o nome da filha, e gostaria de homenagear a bisavó, por parte do pai, de nome Dominique.

Mirka gostou do nome "Dominique Dorth Bourchier". Era um nome expressivo e meigo. Combinava com a doce criança que chegara ao mundo. Gerard se comoveu e disse ser uma ótima homenagem, que agradaria seu pai, que conviveu na infância com a vó que tanto estimava. Definido o nome, ele providenciaria o registro.

Mirka pediu a um empregado que levasse a notícia aos Dorth. Dirk aguardava ser chamado para conhecer a irmã. Ele se deslumbrou, beijando a face da criança, e disse que sempre iria protegê-la, sob qualquer circunstância. Logo se pôde notar o brilho nos olhos de Gerard, comovido com os irmãos, a mãe também se sentiu duplamente satisfeita.

A família Dorth chegou. Erika se apressou para pegar a neta e disse:

– Que menina saudável! Lembra-me Mirka quando bebê. A vovó a ama e fará todos os seus gostos.

Mirka sorriu com a felicidade da mãe. Hugo Dorth se limitou a olhá-la firmemente e disse que era uma linda criança, mas que temia colocá-la em seus braços, porque sentia que era muito frágil.

Ele sempre fora assim. Temia não saber segurar uma criatura que acabara de nascer e que inspirava tantos cuidados. Van e Frans agiram como o pai; elogiaram

Dominique e lhe desejaram muita saúde, "afinal, ela também era uma Dorth", disse Frans.

A tarde caía, por essa razão Mirka resolveu avisar os Willickens no dia seguinte, pela manhã. Eles foram visitá-la assim que receberam a notícia.

Ludvig e Beatriz amaram a menina e elogiaram o casal por ter trazido ao mundo uma criança tão perfeita! Estavam envaidecidos e se consideravam também avós da pequena. Prometeram que teriam prazer em participar da vida de Dominique.

Como ainda era cedo, o dejejum foi servido a todos. Eles comentaram que um filho era único e especial. Gerard concordou, disse estar agradecido. Não conseguia sair do êxtase de tanta felicidade.

A quarentena pós-parto passou depressa. Frederico fez uma avaliação e constatou que Mirka estava ótima. Ele lhe deu alta e observou, apenas, que a alimentação, com canjas e muito leite, era muito importante para deixá-la apta para amamentar a filha por mais tempo, já que a criança estava ganhando peso e tinha boa disposição.

Gerard acompanhou Frederico. A essa altura, não tinha apenas uma relação com um médico de família, mas um amigo sincero, que conquistara o coração do fazendeiro, e era recíproco. Sua esposa e seus filhos já frequentavam a casa do casal, e a amizade era gratificante para Mirka. Brígida era uma pessoa agradável e, por ser mais velha, sempre lhe aconselhava e lhe ensinava tudo sobre bebês. Afinal, depois de três filhos, sendo esposa de um médico, tinha muita experiência para trocar.

Enquanto Mirka tinha uma vida sossegada e agradável, que fluía para melhor, Miriam sofria todos os maus-tratos de seu companheiro. Estava na cabana, e sua mente planejava deixar Albert. Mas, para isso, precisava do apoio de Rodolfo, que havia escrito à Denise, dizendo que regressaria em breve.

Euriko já estava na idade de ser alfabetizado e Miriam o estava ensinando. Ele gostava de aprender; era um menino esperto, embora ainda tivesse pesadelos e medo do pai. Albert chegou no momento em que o viu lendo as letras. Sentiu-se orgulhoso do filho, queria participar dos seus estudos. Puxou a cadeira perto dele e sentou-se ao seu lado. Queria ver o seu progresso, mas, em vez disso, o menino balbuciou as palavras erradas, não conseguiu se concentrar, foi atacado pelos nervos e pediu à mãe para ir se deitar. O pai, decepcionado, achou que a doença do filho o afastava dele, porém não tinha como entender a Lei de Causa e Efeito. O filho, revoltado, agia por impulso; ao ver o pai, sentia repulsa.

Albert estava triste. O trabalho também não ia bem, como ele esperava. Estava difícil arrumar o montante para devolver a Miriam e ao filho, uma propriedade à altura da que havia perdido. Ele achava que, quando comprasse a casa, tudo mudaria, seu filho teria tranquilidade e eles poderiam ser mais unidos. Sonhava com isso. Reclamava de seu desatino com a companheira. Ela, por sua vez, o incentivava; nem de longe demonstrava os seus verdadeiros sentimentos. Estava com a ideia fixa de abandoná-lo e levar Euriko para bem longe dele, assim que surgisse oportunidade.

***

Os Willickens receberam uma carta de Karla e de seu marido. Ambos estavam pensando em ir para a Holanda para conhecer Dominique. Passaram-se alguns dias e Ludvig foi buscá-los no porto. Chegando ao casarão, Karla foi recebida por Beatriz, em lágrimas:
— Que saudades, filha! É uma bênção revê-la. Como tem passado, Jean?
— Bem, sra. Beatriz, estávamos com saudades.
O criado levou as malas ao quarto de hóspedes, recentemente decorado para o casal. Karla disse que precisava de um banho para refazer-se do cansaço da viagem.
Mais tarde, após colocarem o assunto em dia, e contarem as façanhas das viagens pela Europa e da vida social intensa que levavam, mostraram inquietude e pressa para irem à fazenda conhecer a criança e rever Mirka, Dirk e Gerard.

Quando chegaram aos limites da propriedade, notaram ainda mais progresso. A paisagem era espetacular, o prado estava completamente verde, salpicado por flores; as plantações, o gado e as ovelhas compunham um cenário, no mínimo, deslumbrante.

O ar era fresco, as copas das árvores balançavam ao sabor do vento; à frente, o haras desfilava belos cavalos, que eram cuidados pelo instrutor da fazenda.

Os cavalos eram a paixão de Gerard, e ele fez a esposa tomar gosto por eles. Sempre que podia, Mirka trotava com Petit, seu cavalo de estimação, presente do marido, que fora treinado pelo domador de animais.

Logo que Karla e Jean entraram na casa, foram recebidos pelo casal. Houve abraços, demonstração de saudade e uma grande alegria. Karla, que se expressava rápido e era comunicativa, disse:

– Quero ver Dominique. Onde ela está?

Dominique tomava sol no jardim com a ama. Mirka colocou-a no colo de Karla e ela só faltou chorar. Elogiou a menina e apertou seu rostinho, sentindo grande emoção, que a fez dizer:

– Jean, quero também um filho, e, se for menina, vou adorar.

Ele respondeu que não faltaria oportunidade, estavam encantados com Dominique.

Dirk apareceu para ver a tia e esta o cobriu de beijos. Karla disse que não o esquecera sequer um minuto, e que havia trazido lembranças de Paris.

Gerard e Jean se acomodaram em uma sala para falar de negócios, de política e da vida pessoal.

Karla se ocupou com Mirka, e queria saber tudo sobre Dominique e o casamento, e também se Gerard era feliz. Mirka só tinha elogios para o marido, dizendo que ele estava sendo o melhor companheiro, afetivo, compreensivo, e, antes de tudo, um bom pai.

Karla afirmou não se arrepender de ter incentivado Mirka para conhecer Gerard. Sabia que ele era um homem responsável e que não iria decepcioná-la.

A jovem fez elogios a Mirka; disse que a maternidade havia feito muito bem a ela, que continuava esbelta e encantadora. Tudo era motivo de comemoração e ela incentivava a mãe para promover uma festa em homenagem ao nascimento da filha. Assim, desde pequena, Dominique seria conhecida pela sociedade holandesa.

Mirka achava o evento muito prematuro, teria de consultar Gerard. Ele daria a última palavra. Agora que se tornara fazendeiro, vivia sossegado, longe das festas e raramente saíam, apenas em alguns casos especiais.

Karla insistiu, e as moças, então, foram à procura dos maridos, que continuavam proseando, colocando o assunto em dia.

Eufórica, Karla desatou a falar sobre a ideia da festa. Achava que Dominique merecia uma homenagem glamorosa, e gostaria que Gerard pensasse no caso. Jean a apoiou.

Os franceses eram assim, festeiros e alegres. Gerard acabou concordando, e disse que faria da fazenda um lugar propício para a primeira comemoração dos Bourchier. Ele perguntou à esposa:

— Isso lhe agrada, Mirka? Só farei se estiver de pleno acordo.

— Por que não, Gerard? Vamos começar logo a pensar nessa comemoração.

Gerard quis providenciar iluminação suficiente nos jardins, mesas para os convidados, música, guloseimas e champanhe. Pediu à Karla que ficasse o maior tempo possível na Holanda, para que ele pudesse providenciar a festa com esmero. Claro que Karla e Jean concordaram; não perderiam a comemoração por nada.

No dia seguinte, eles reuniram os Dorth e os Willickens, pois queriam tê-los como convidados de honra. Todos se entenderam, Erika Dorth planejava os doces mais requintados. Beatriz prepararia a lista dos convidados do casal, incluindo casais como Frederico e esposa. Feito o acerto, a euforia tomou conta de todos. Gerard escreveu aos pais e pediu a presença deles o mais breve possível. Eles não poderiam faltar, pois a união entre as famílias era algo imprescindível. Ele queria que os Dorth, os Willickens e os Bourchier fossem uma única família.

Isadora e Ernest Bourchier logo chegaram à fazenda. Ainda não conheciam a nora. Gostaram tanto dela que os olhos de Gerard encheram-se de lágrimas. Mirka não cabia em si de contentamento. Os avós carregavam Dominique por todo canto, não queriam largá-la. Diziam que ela era a menina mais formosa, delicada e meiga que Deus havia colocado na Terra. Trouxeram muitos presentes para a neta e para a nora. Nesse momento, formou-se um elo espiritual muito forte e sincero. Quem visse a vida da camponesa Dorth de antes, sofrida e desiludida, não poderia imaginar como sua vida se transformara em um belo conto de fadas.

***

Chegou o dia tão esperado. O ambiente estava preparado para a festa, o salão com a decoração requintada, a mesa com as melhores pratarias, a toalha branca bordada à mão, os doces e as guloseimas colocados em travessas de louça fina. Os músicos estavam dispostos em um canto, acomodados com seus instrumentos, e a extensão da festa era nos jardins, com mesas ricamente decoradas e muitos colaboradores contratados para atenderem toda a sociedade presente.

Logo no começo da festa, Dominique foi apresentada. A roupa que vestia tinha sido trazida de Paris por Isadora. Era um vestido-camisola, com renda, feito à mão, branco e rosa. A touca na cabeça era tecida com acabamento esmerado. Todos concordavam que

Dominique era uma "princesa". A menina Bourchier rodou todo o salão e todos conheceram tão adorável criança. Logo depois, Mirka a levou a seus aposentos, aos cuidados da ama, mas, antes, amamentou-a e colocou para dormir.

Podia agora apreciar a festa e, afinal, divertir-se um pouco. Fez companhia a Gerard e a toda a família. Os amigos também foram cumprimentá-la, assim como Brígida e Frederico, que tinham um lugar em seu coração.

Os casais dançaram ao longo do salão. Gerard não perdeu a oportunidade de convidar a esposa para uma contradança. Eles dançavam sorrindo e proseando, sendo observados por todos, que comentavam que formavam um casal perfeito.

Karla e Jean, às voltas com champanhe, riam de tudo e apreciavam o casal. Os Dorth estavam festivos, principalmente Van e Frans, que estavam acompanhados pelas pretendentes. Dirk, sempre compreensivo, abraçava a mãe e afirmava que nunca a tinha visto tão feliz.

Tudo transcorria na mais perfeita ordem, todos elogiavam o capricho dos detalhes da festa de nascimento da pequena Dominique.

Capítulo 13

A fuga de Miriam

Naquele ínterim, outra cena ocorria. Miriam estava na cabana, aflita, quando recebeu, por meio de um funcionário de Denise, um recado contando que Rodolfo voltara da França e queria muito vê-la. Era sua chance de executar seu plano para deixar Albert. Não tinha nenhum remorso, apenas a certeza de que não suportava mais viver com aquele homem. Mas tinha de ficar atenta e não podia vacilar.

Albert chegou do trabalho e a encontrou alfabetizando Euriko. O menino parecia atento a suas lições; ele já conseguia formar frases e se envaidecia. Seu pai querendo participar daquele momento, pediu, com carinho, que ele escrevesse algo bom, mas o menino se trancou mais uma vez e reclamou com a mãe de que a cabeça doía. Isso a fez parar com as lições e lhe dar um remédio caseiro. Foi mais uma tentativa frustrada do pai. Enquanto isso, lembranças fragmentadas vinham à cabeça de Euriko, mas ele não as conseguia decifrar. Eram resquícios do passado que assombravam sua mente e, naqueles instantes, ele se afastava ainda mais do pai.

Na manhã seguinte, após Albert ter saído para o trabalho, Miriam foi ao bordel ao encontro de Rodolfo. Este lhe beijou as mãos, demonstrou sentir saudades e a convidou para fugir e seguir com ele para a França, levando Euriko. Ela, com emoção na voz, questionou o amante:

— Acha mesmo que poderá levar-me? É um passo importante em nossa vida. Num país estranho precisarei ter segurança.

— Não se preocupe. Acertaremos nossa situação em meu país.

Rodolfo dizia ter um plano. Já havia comprado as passagens de navio. Aguardariam a hora certa, quando Albert viajaria para comprar madeiras. Tinham três ótimos dias para a fuga.

Eles foram ao quarto, e ela, entre carícias, combinou a fuga. Miriam estava radiante e pensava que os ares de Paris fariam bem a Euriko.

De volta a casa, ela preparou o jantar e avisou o menino para não contar que havia estado com Gertrudes. Isso era um segredo só deles. O menino só tinha ouvidos para a mãe, nunca diria ao pai qualquer palavra que a comprometesse.

Miriam havia guardado uma boa soma de dinheiro e as joias caras que o amante havia lhe dado, os quais estavam muito bem escondidos, longe da possibilidade de Albert descobrir. Isso seria uma segurança, caso não desse certo com Rodolfo.

A família Vollenhoven não ia visitar Miriam e Euriko. Envergonhavam-se do passado dela e, como eram fiéis à igreja, não queriam cair na indiferença de Kall e da comunidade religiosa.

Albert pouco se importava, tinha se tornado ainda mais rude. Preocupava-se apenas com as coisas materiais e com a sua vida conturbada.

Logo, Albert chegou para a ceia. Estava se preparando para viajar; iria comprar um lote de madeiras que tinha conseguido por um bom preço. Isso seria revertido em mais capital. Avisou a esposa que partiria em três dias. Miriam sentiu alívio, logo o caminho para executar seu plano estaria livre.

Chegou o dia da viagem. Ele deixou Andrew incumbido de vigiá-la e de estar sempre perto para saber de seus passos. Assim que Albert partiu, ela arrumou suas malas e despistou Andrew, pedindo que ele fosse à cidade buscar remédios para o filho. Como a charrete estava à sua disposição e Rodolfo já a esperava no porto, partiu ao encontro do amante. Logo, o navio zarparia. Sem deixar rastros, ela, Euriko e Rodolfo navegaram por águas profundas em direção a uma nova vida.

Quando Andrew entrou na cabana, não os encontrou. Não tinha ideia do ocorrido. Pensou que, talvez, o menino tivesse piorado, e ela o tivesse levado ao médico ou, quem sabe, tivesse ido visitar sua amiga Denise no bordel. Havia um silêncio mórbido e a desconfiança de que algo estava errado. Resolveu ir ao bordel e procurou pela anfitriã, que afirmou não saber de Miriam, dizendo que depois da proibição de Albert, sua amizade ficara abalada. Afirmou não ter notícias da amiga, mas acreditava que, com certeza, nada de grave havia acontecido. Aconselhou-o a voltar para casa e esperar por ela. Assim Andrew fez. Ele aguardou até cair a noite e, como ela não voltou, pernoitou na cabana até pegar no sono.

Ao acordar pela manhã, certificou-se de que eles não haviam voltado. Naquele momento a hipótese de fuga ficou clara.

– Mas aonde ela teria ido? – perguntava a si mesmo, em voz alta.

Pensava em Albert, que lhe havia confiado a guarda da mulher. Mas quem adivinharia uma coisa daquelas? Procurou-os por toda a parte e resolveu ir ao porto. Ao chegar, checou a lista dos passageiros e certificou-se de que ela partira para a França com seu amante, levando Euriko para bem longe do pai. Imaginava a dor do amigo quando soubesse que seu único filho havia sido arrancado de sua vida.

Albert Vollenhoven retornou da viagem e, ao chegar, encontrou Andrew, que lhe relatou a fuga de Miriam. Ele não conseguia racionar; fora um duro golpe. Parecia que ia perder a cabeça. Chorou compulsivamente. Comentou com o amigo que seria difícil encontrá-la, pois a França era um país muito extenso e ele não tinha o endereço nem a possível cidade que estariam. Entendeu que ela havia fugido para Paris para não ser encontrada. Depois do susto, e muito nervoso, saiu à procura de Denise. Ela, com certeza, saberia de seu paradeiro. Ele não descansaria enquanto não os encontrasse. Quando chegou ao bordel, estava fora de si. As raparigas deram-lhe algo forte para beber, pois queriam amortecer o impacto na conversa com Denise. Quando esta chegou ao salão, ele lhe falou em tom de súplica:

— Pelo amor de Deus, Denise, onde se encontra Miriam? Ajude-me a encontrá-la.

— Sinto não poder ajudá-lo, fiquei sabendo da fuga por um cliente. Infelizmente, ela partiu com Rodolfo, para a França. Nada mais sei.

Desesperado, ele indagou aos clientes e às meninas do bordel, mas tudo foi em vão; ninguém sabia nada a respeito. Ele desabafou com Denise, dizendo que o ciúme o consumia, mas que, se Miriam voltasse para casa, faria de tudo para consertar o seu erro, e não desistiria de procurá-la, nem que para isso gastasse até sua última moeda.

Denise o aconselhou a desabafar com uma rapariga da casa. Ela, então, consolou-o e lhe serviu uma bebida, deixando-o alcoolizado. Assim, naquele momento, ele pôde esfriar a cabeça.

Mais tarde, ao retornar à cabana, ele se trancou em sua solidão. Deixou o trabalho por uns dias e se consumiu de tristeza. A bebida era a sua única companheira. Elza, sua mãe, percebendo a situação do filho, foi visitá-lo, e o convenceu a voltar à vida. Disse-lhe que o trabalho iria ajudá-lo a amenizar o sofrimento. Alertou-o sobre Miriam, dizendo que dela tudo se poderia esperar. E terminou afirmando que Deus iria lhe dar o consolo.

Ele então resolveu colocar toda a energia no trabalho. Planejou ter bons lucros para poder juntar um montante e procurar por Miriam.

A notícia da fuga de Miriam, logo chegou à fazenda Bourchier. Apesar de Albert não merecer, Mirka se apiedou, porque imaginava a tristeza que ele sentiria por viver longe do filho. Gerard tinha suas reservas e achava que ele colhia os frutos por todo o mal praticado. O assunto foi interrompido quando Dominique chorou, solicitando a presença da mãe para amamentá-la.

A criança foi levada pela ama, que a colocou em seu colo. A mãe a amamentava e via seu crescimento a olho nu. Gerard teceu um comentário carinhoso:

— Nossa pequena já está uma mocinha. Logo a veremos andando pela casa, descobrindo um novo mundo.

– É assim mesmo, querido. Quando nos dermos conta, nossa filha estará percorrendo a casa para descobrir novos desafios.

Eles viviam momentos de plena felicidade. Mirka tinha o amor e o apoio do marido em qualquer circunstância. Ele era bom pai também para Dirk, e o tratava como seu próprio filho; levava-o sempre para cavalgar e o participava em todas as situações da família. Era recompensador. Os Willickens morriam de amores por Dirk, e se preocupavam com seu futuro. Isso a deixava despreocupada, pois seu filho era muito amado.

Mirka recordou o desprezo que ele sofrera, antes de ser reconhecido como um Willickens, e também que o perverso Albert nunca se apiedara dele. Agora, ela vivia um momento mágico. Seu filho tinha todo carinho e compreensão. Finalmente, suas preces de devoção e de plena fé, haviam valido a pena.

Gerard ficou por um longo tempo apreciando Mirka, que amamentava a filha e a fazia dormir. Contudo, ele lembrou-se de que precisava reunir-se com os trabalhadores para planejar e implantar novas formas de administração para a fazenda.

Mais tarde, Karla foi buscar Mirka e os filhos. Os Willickens solicitavam sua presença para um chá. Era uma maneira de estarem sempre unidos e de colocarem a conversa em dia.

Estavam em plena primavera. As tulipas formavam canteiros de múltiplas cores. O vento balançava as flores como numa música suave e encantadora.

Ao chegar, Mirka sentiu o cheiro das flores, e, deixando Dominique aos cuidados de Beatriz, andou pelas passagens dos canteiros, tornando-se quase uma miragem; isso a fez lembrar-se de Hendrick. Ela recordou como tudo havia começado... Sentiu que no primeiro encontro deles, seus olhares se cruzaram. Era um amor predestinado. Os encontros às escondidas, no celeiro... e a triste notícia do acidente que lhe causou a morte. De repente, Hendrick se materializou. Com emoção, ela pronunciou:

— Hendrick, há quanto tempo! Receava não vê-lo nunca mais.

— Vim para ver Dirk e felicitá-la pela linda filha. Deus tem sido muito bom com você. Fico feliz por estar realizada. Minhas visitas estão limitadas. Chegará um dia em que não mais voltarei!

— Consigo compreender, Hendrick, mas os Willickens gostariam de revê-lo.

— Não pertenço mais ao mundo dos vivos, e meu tempo se esgotou.

Ele partiu com um sorriso de candura. Ao retornar à presença dos Willickens, ela preferiu não contar o ocorrido, já que sofriam por não vê-lo e, como ele mesmo afirmara, as visitas eram limitadas. Colocar falsas expectativas em sua família era por demais doloroso. Beatriz se divertia com Dominique, com suas caretas e seus beicinhos.

Ludvig foi cavalgar com o neto. Queria ensiná-lo tudo sobre a fazenda. Os empregados gostavam muito de Dirk, pois ele lembrava o pai, simples e prestativo; tratava a todos com igualdade. O avô o ensinava a administrar a propriedade, a conhecer um bom gado e a realizar todas as tarefas corriqueiras. Lembrava ser ele o herdeiro que cuidaria daquelas terras. E enfatizava:

– A terra é um bem extensivo a todos os seus descendentes e, para isso, terá de cuidar e zelar dela com muito esmero.

***

Os dias se passaram. Na França, Miriam percebeu que Euriko se afinava com Rodolfo. Era gratificante vê-lo disposto; nem os pesadelos o sobressaltavam mais. Eles estavam instalados em uma casa luxuosa. Miriam não tinha do que reclamar, era um sonho viver ali, longe da presença de Albert. Logo, a serviçal lhe serviu a refeição no jardim, onde o sol despontava. A fina louça comportava um caldo de legumes, que servia como entrada; o faisão assado com iguarias que apetecia aos olhos, era acompanhado de um vinho encorpado da região. A sensação de bem-estar comoveu-a:

– Que ares bons tem a França! Concorda, Rodolfo?

– Sim. Adoro este país. Mas sou natural da Austrália, um ótimo país também. Tenho sangue australiano, mas o bom humor dos franceses.

Rodolfo Macquarie, um homem de negócios, muito astuto e inteligente, acumulava a sua fortuna e a empregava em outras propriedades. Além de ser influente, era ligado à política, inclinado a movimentos e sempre atento a qualquer modificação dos partidos. Contudo, reservado, não se expunha a ponto de se prejudicar. Era como uma raposa velha, que conhecia bem seu território.

De porte alto e músculos fortes, tinha um semblante conservador. Aparentava perto dos quarenta anos, embora fosse muito conservado. Tinha cabelos escuros e costeletas que desciam ao baixo queixo. Em casa, permitia-se ser menos disciplinado e praticava a camaradagem e a gentileza com seus protegidos, embora, diante dos negócios e da política, agisse com mais rigidez. Ele queria que a companheira se tornasse uma verdadeira dama. Contratou Marie, uma instrutora de piano, para que Miriam adquirisse os mesmos hábitos das madames da sociedade francesa.

Marie era uma senhora conservadora, de cabelos grisalhos e olhos vivazes. Talvez porque a música fosse sua paixão, tinha muita paciência nas aulas com Miriam. Já, para Euriko, ele procurou uma educadora, seu nome era Francine. Ela era discreta e muito concentrada, além de matemática, ensinava gramática para o desenvolvimento da língua francesa. Tudo era perfeito; o clima não podia ser melhor.

Macquarie tratava Miriam como esposa. Ordenou aos criados que seguissem as ordens da patroa e que lhe fizessem todas as vontades. Era um amante ardente, que não media esforços para agradá-la e recompensá-la por tudo que sofrera. Levou-a em um renomado estilista e pediu que lhe fizesse uma coleção de vestidos, queria apresentá-la à sociedade.

Enquanto Miriam desfrutava dos encantos de sua nova fase, Albert se desgastava com a hipótese de não ver mais o filho. Ele contratou um detetive, experiente e viajado a fim de descobrir o paradeiro da mulher na França. Gratificou-o com uma boa soma de dinheiro e lhe custeou as despesas normais do processo. Prometeu-lhe que, se a descobrisse, daria o dobro do montante, quando ele retornasse. Alex, o homem contratado, viajaria naquele dia mesmo, pois Albert tinha urgência. Ele trabalhava com afinco e não sossegava um só minuto; estava com o pensamento fixo em encontrá-los.

Na cabana, desiquilibrado, ele pensava em se vingar de Rodolfo. Continuava sofrendo obsessão; os espíritos perturbados do seu passado compraziam-se em vê-lo sofrer. A raiva o impulsionava cada vez mais em direção ao abismo das sombras tenebrosas.

***

Os Willickens se preparavam para a partida de Karla. Havia três meses que o casal estava na Holanda. As obrigações de Jean os faziam partir. Assim sendo, a família e os Bourchier foram acompanhá-los ao porto. Beatriz não escondia a lágrima que rolava em sua face. Era difícil despedir-se da filha. Karla abraçou a mãe e suspirou:

– Mamãe, é hora de irmos embora. Escreveremos sempre. Vá logo nos visitar. Cuide de Dirk por mim.

A mãe aquiesceu afirmativamente com a cabeça.

Ludvig abraçou a filha e desejou-lhe sorte com a possível gravidez, porque ela partia com a esperança de estar grávida. E, afinal, ter um neto de Karla seria algo único e maravilhoso.

Os Bourchier também se despediram. Dirk abraçou a tia afetuosamente e lhe desejou uma boa viagem. O navio partiu; era hora de voltarem para suas rotinas. Karla levou boas lembranças: a união da família, a sinceridade de Dirk e a doçura de Dominique.

***

Depois de um mês de procura, na busca por Miriam, sem obter sucesso, Alex voltou à Holanda e procurou por Albert Vollenhoven. Ele estava no trabalho, em meio às madeiras, suado e transparecendo cansaço, quando o investigador surgiu.

— Infelizmente, fiz muitas investigações, mas não encontrei pistas, não os localizei. Procurei nos bordéis, em casas noturnas de jogatina, e tudo que me orientou. Acabou a verba. Vai querer desistir?

— Ainda não, arrumarei outro montante para que volte, mas antes peço que vá ao bordel e investigue com alguma rapariga. Vou lhe dar uma joia para que ofereça a ela, mas tem de ser longe dos olhos de Denise.

Alex procurou o bordel. Ninguém sabia do trato entre ele e Albert. Era mais um cliente a frequentar a casa. Ele escolheu uma rapariga e brindou com ela, foi muito discreto e elogiou o seu belo porte. Katrina era uma moça ambiciosa, e cresceu os olhos para a vistosa gargantilha de rubi que Alex lhe ofereceu em troca de informações. Ela imediatamente se interessou e perguntou do que se tratava.

— Que informação deseja? Vejo a importância do assunto diante desta preciosidade.

— Afirmo que sim! Quero saber tudo sobre Rodolfo Macquarie. Conte-me tudo sobre seus negócios, onde mora etc.; qualquer informação será valiosa e você terá sua recompensa.

— Rodolfo Macquarie? Conheço bem esse cliente, eu mesma o servi diversas vezes. Soube que tem residência fixa em Paris. É metido com política e participa dos movimentos partidários, além de trabalhar com obras de arte. Não será difícil encontrá-lo. Procure pelo seu nome em galerias renomadas. Ele é muito influente na sociedade francesa.

Esclarecidas as pistas, Alex lhe deu a joia, e ela a escondeu em sua bolsa dourada. Agora tinha pistas muito evidentes, seria mais fácil. Miriam não escaparia. Albert se entusiasmou com a notícia e, na mesma semana, deu o montante necessário para procurá-la. Alex combinou que iria lhe enviar um telegrama assim que a descobrisse. Assim, Albert iria a Paris ao encontro do investigador.

Alex partiu para a França. Em Paris, começou suas buscas. Procurou por várias galerias de arte. Ao chegar a uma galeria de renome, uma senhora elegante, que gesticulava bem, procurou saber o motivo de sua visita. Ele, então, passou-se por colecionador dizendo ser amante das artes, e que um amigo o havia informado que Rodolfo Macquarie possuía uma obra do seu interesse. Contudo, faltava-lhe o endereço dele; queria fazer contato o mais breve possível para negociar, e, se a compra fosse efetuada, poderia lhe dar uma comissão para recompensá-la. A senhora ficou bastante interessada, vivia, além das vendas das obras, também das comissões de suas indicações. Assim, sem nada desconfiar, passou-lhe o endereço.

Alex agradeceu gentilmente e prometeu voltar assim que o negócio fosse finalizado. Ele certificou-se da veracidade do endereço e descobriu onde estavam Miriam e Euriko. Por meio de um telegrama, avisou o amigo e pediu que este fosse ao seu encontro no Hotel Rocalle, para ajudá-lo a resgatar sua família.

Quando Albert chegou ao hotel, procurou por Alex. No dia seguinte foram ao endereço para encontrar com Miriam e Euriko. Chegando lá, e espiando por meio das árvores que cercavam a residência, Albert pôde observar a mulher e o menino. Naquele momento, ambos invadiram a residência e Miriam quase teve um colapso:

— Como me achou? O que quer de mim?

Ele não respondeu, imediatamente agarrou Euriko em seus braços, afirmando que o levaria de volta, para bem longe de seus olhos. A escolha seria dela, se quisesse o filho, deveria segui-lo. Miriam não teve coragem de deixar o filho ir sozinho com aquele homem desiquilibrado; assim, pegou algumas roupas, enquanto Albert colocava o menino na carruagem. Despediu-se da criada, que, atônita, observava a cena e o homem, que afirmava ser o pai do menino. Miriam pediu à criada:

— Diga a Rodolfo que eu não poderia deixar Euriko sozinho. Peço-lhe o seu perdão; jamais vou esquecê-lo.

Dizendo isso, Miriam entrou na carruagem. O veículo os levou ao porto, onde um navio zarparia em pouco tempo. Euriko esperneou e chorou muito. Ela pediu calma ao filho e o alertou que Albert estava fora de si.

Entraram na cabine. Miriam sentiu o navio zarpar. Seus sonhos estavam se desfazendo diante daquele pesadelo, pensara que nunca mais poria os olhos em Albert.

Ela seguiu calada e deitou o filho no colo, fazendo-o dormir. Pediu a Deus, em oração, que a tirasse daquela situação. Sabia que, ao voltar para a Holanda, teria de viver naquela cabana, onde Euriko se adoentara. Além disso, tinha medo das represálias por parte de Albert. Alex se acomodou em outra cabine. Esperava receber sua recompensa e achava, afinal, que ao fim de uma investigação o importante era o cliente, apenas sua vontade podia ser respeitada. O caminho de volta foi doloroso, Miriam teve de ouvir Albert falar de sua angústia e da raiva exacerbada de Rodolfo. Prometeu-lhe que o que era dele estava guardado a sete chaves. Ela limitou-se a ficar calada; apenas orava, pedindo a Deus para tirá-la daquele sofrimento. Euriko reclamou diversas vezes, não queria a companhia do pai. A mãe lhe implorava calma. Agora que estava maior compreendia que o melhor seria ouvir o apelo da mãe. Percebia a doença do pai e seu perfil violento.

Depois de dias de viagem, chegaram ao destino e foram para casa. Albert tentava dialogar e convencê-los de que não podia viver sem eles e de que faria tudo para que voltassem a ser uma família feliz, se é que alguma vez eles haviam tido alegria com sua convivência. Agora, deveriam ajustar-se à rotina. Mãe e filho, cansados, foram dormir, mas Albert ficou em vigília. Parecia ter medo de que eles fugissem, como se fosse fácil fugir de suas garras.

***

A vida de Albert transcorria como antes; ele não conseguiu conquistar a família, que estava sem motivação e se esquivava de qualquer carinho. Ele voltou a beber e tornou-se cada vez mais insuportável. Miriam não tinha a sensibilidade mediúnica de Mirka, as tulipas, para ela, não passavam de belas flores. Jamais havia enxergado espíritos. Algumas vezes, caminhava entre elas, e, sem que percebesse, era envolvida pelo espírito superior de Hendrick, que lhe transmitia passes energizantes.

Buscava forças no seu interior. Sonhava para que aquilo não durasse para sempre e torcia para que Rodolfo fosse resgatá-la. Quando Denise soube da volta da amiga, foi à cabana visitá-la, aproveitando a ausência de Albert. Andrew estava viajando, havia ido buscar uma carga de madeira. Ao chegar, a amiga abraçou Miriam, que se lamentou por sua triste sorte. Ela relatou a espetacular vida que tinha em Paris e o tratamento amoroso de Rodolfo. Denise a consolou e, afirmando conhecer bem o seu amante, fez a seguinte observação:

– Com certeza Macquarie vai arquitetar um plano para resgatá-la, mas você deve ter paciência – disse, lembrando-a de que Albert dormia de olhos abertos.

– Tem razão, Denise, viverei com a esperança de que, um dia, poderei me livrar para sempre da companhia cruel e inoportuna desse ser desequilibrado.

Denise contou-lhe os últimos acontecimentos do bordel, enquanto a anfitriã lhe servia um chá, acompanhado de deliciosas broas. Como não podia demorar-se, a meretriz se retirou, deixando sinceridade nas palavras de conforto, que aqueceram o coração da desanimada amiga, que, antes, era o brilho do salão.

Albert estava sempre desconfiado e, ao chegar a casa, indagou Euriko para saber se a mãe havia recebido alguma visita. O menino, que era astuto, negava qualquer coisa que embaraçasse Miriam; ele jamais a trairia. O pai estava inquieto e sempre atento para descobrir algum recado de Rodolfo. Miriam desconversava, desviando-lhe sua atenção.

Ela sentia-se tranquila com a cumplicidade de Euriko, que era um bom filho. Aprendeu a amar a mãe e a protegê-la daquele homem, o qual não considerava pai. Contudo, como era inteligente, ele não comentava mais o seu desamor em relação ao progenitor. Escutava a mãe e aguardava uma solução para sair da prisão que era a tutela de seu pai.

A presença de Albert era muito indigesta. Miriam fazia suas obrigações maquinalmente. Euriko disfarçava e sempre arrumava um pretexto para fugir de qualquer tentativa de aproximação do pai.

Enquanto Albert voltava aos seus negócios, Miriam relembrava os momentos intensos e felizes que tivera com seu amado e o luxo e a mordomia desfrutada em Paris. Pensava na relação segura com Rodolfo, que se desfizera no dia em que Albert os havia tirado do sonho em que viviam para carregá-los de volta à cabana, forçando-os a conviver com o desgosto.

***

Na fazenda Bourchier, Mirka estava realizada. Dominique era um encanto e dava novas forças na relação com Gerard. A menina completara dois anos e falava graciosamente com os pais, era educada e gentil, alegrava a casa com suas travessuras e peripécias. A relação com os Willickens estava cada vez melhor. Certo dia, Ludvig encostou a carruagem para buscar Dirk. Logo, Dominique abraçou-o, beijou-o e pediu à mãe para ir ver Beatriz. Mirka seguiu com eles. Os Willickens não faziam diferença entre ela e Dirk, e isso era muito gratificante.

Quando Ludvig ficou sozinho com Mirka, confessou-lhe a imensa saudade que sentia do filho:

— Tenho sentido muito a falta de Hendrick. Às vezes, corta-me o coração. Nunca mais o viu?

— A última vez que o vi foi depois do nascimento de Dominique. Ele me disse que a sua visita seria cada vez mais escassa.

— Acha difícil que o veja novamente?

— Ele cumpriu sua missão, ajudou-os a reconhecer Dirk, mas se tiver alguma necessidade poderá se materializar, embora não devemos criar expectativas a esse respeito.

Após deixar Dominique aos cuidados de Hanna, sua serviçal de confiança, Beatriz se aproximou e fitou os olhos de Mirka, afirmando que seu filho jamais encontraria uma mulher melhor, pois ela era um ser incrível. Mirka agradeceu à sra. Willickens. Eles estavam sensíveis, pois se aproximava a data de nascimento de Hendrick. Beatriz manifestou a vontade de lhe dar um agrado e, lá do céu, ele saberia que jamais seria esquecido. Os netos lhe davam muita alegria e vigor, mas a lembrança do filho era dolorosa e, já comovida, Beatriz indagou:

— Como poderei demonstrar essa saudade?

— Por meio de orações, elas sempre chegam às pessoas na forma de vibração.

Beatriz confessou ter vontade de dar um agrado ao filho, e queria saber se os espíritos podiam buscar os objetos. Mirka estava sempre atenta às lições dos espíritos, principalmente do superior de Hendrick, e retorquiu:

— Já existem algumas experiências feitas com os espíritos. Ouvi rumores que eles locomovem um objeto de um lado para outro, porém tais manifestações são muito raras. Penso que não devemos incomodá-los, eles têm tarefas mais urgentes e necessárias a cumprir. Os pesquisadores caminham rumo à descoberta da lei dos espíritos, mas devemos lembrar que a igreja é contra essas práticas.

Mirka era muito prudente; conseguia dominar os impulsos. Beatriz pediu que não a deixasse sozinha na data da comemoração de aniversário de Hendrick. Mirka prometeu estar presente e sugeriu a Ludvig:

— Pensei que poderiam prestar uma homenagem a Hendrick colocando uma placa monumental em meio às tulipas. Seria uma forma carinhosa de nos lembrarmos dele.

Assim, Ludvig providenciou a placa e, na data prevista, já estava colocada. Mirka, Dirk e a família Willickens foram no local orar por ele. Mirka, em silêncio, pediu para que Hendrick aparecesse, mas isso não aconteceu. Sem dizer nada, os Willickens também esperavam vê-lo. A jovem os consolou e afirmou que ele ficaria grato pela homenagem, e que eles não deveriam pedir nada em troca, assim ele seguiria seu caminho.

Apesar das lágrimas, Beatriz se conformou. Ludvig, mais adiantado espiritualmente, compreendeu esse processo natural dos espíritos, sabia que o filho tinha de percorrer o caminho da luz. Já mais tranquilos, eles voltaram à varanda do casarão, e Mirka levou Dominique para confortá-los; ela os entreteve, fazendo gracinhas e travessuras.

A tarde passou. Os Willickens se distraíram com os netos. Ludvig retornou com eles para a fazenda Bourchier. Ao chegarem, Gerard o convidou a entrar e ofereceu-lhe um bom uísque. Eles prosearam; tinham uma amizade sincera e quase de parentesco.

Mirka o convidou para a ceia, mas ele disse ter pressa, pois não gostaria de deixar a esposa sozinha, ainda mais por ela estar tão emotiva.

O jantar foi servido, mas não antes de Gerard fazer uma oração. Agradeceu a Deus pela família, pela fartura e, principalmente, pela boa saúde. Mirka agradeceu pela paz e tranquilidade.

Já era tarde quando todos foram dormir. Enquanto o sono não vinha, Mirka pensava sobre como sua vida havia se modificado. Havia passado por muitas experiências que a fizeram amadurecer, apesar de ainda ser jovem. Contudo, só tinha motivos para agradecer, porque sempre acreditou que Deus não falhava, e que os espíritos bons só vinham cumprir os desígnios do Pai.

Capítulo 14

A gravidez de Karla

Passaram-se dois meses. Os Willickens receberam uma carta de Karla. Ela contava que sentia uma grande felicidade, bem como Jean Fellens, pois tinha descoberto que estava grávida.

Escreveu muitas coisas e contou os planos para a futura criança. A família de Jean também ficou feliz, pois o casal ia lhes dar o primeiro neto. Karla estava eufórica, e já havia comprado uma coleção de roupas para a gravidez. Queria ser a grávida mais bem-vestida da sociedade francesa. Havia também consultado um bom médico, que a orientou para que se mantivesse saudável para dar à luz uma criança forte. Assim, as excessivas festas, os drinks e as noites maldormidas, começaram a fazer parte de um passado sem compromisso, quando ambos queriam apenas viver a vida. Agora, a prioridade era a criança que viria ao mundo.

Ludvig e Beatriz se comoveram. Ganhar um neto de Karla era algo maravilhoso.

– Um neto é sempre bem-vindo! – afirmou Ludvig.

– Karla vai se tornar mais responsável; os filhos nos fazem amadurecer e, depois, só pensamos em concretizar os sonhos deles. Só nos realizamos se eles também se realizarem – comentou Beatriz.

Mirka estava com Dirk quando Beatriz relatou a novidade. Todos ficaram entusiasmados com a carta de Karla. Mirka precisava ver os Dorth. Enquanto Dirk ficou aos cuidados do seu aprendizado, sob os olhos de Beatriz, a mãe, levada por Ludvig, foi à fazenda dos pais. Erika a recebeu muito bem. O sogro não entrou, mas prometeu voltar para buscá-la. Dominique estava com Mirka, e a avó a carregou para a sala da lareira, onde Hugo estava.

– Venha ver, Hugo! Olhe nossa neta! Viu como ela cresceu?

Hugo Dorth concordou. Acariciou a menina e a levou para dar umas voltas na propriedade. Assim, mãe e filha ficaram à vontade para conversar. Mirka contou as novidades sobre Karla e relatou o êxtase em que os Willickens se encontravam pela chegada do neto.

Na conversa, a sra. Dorth comentou que Van fazia planos de construir uma casa nas terras do pai. Disse que Hugo o apoiara.

– É, os filhos vão se casando e nós vamos recebendo os netos – comentou Erika.

– Está feliz, mamãe? Concorda com esse casamento?
– Estou de pleno acordo. Andrea é uma ótima pessoa, e fará Van feliz.

Erika afirmou que Hugo e Frans ajudariam na construção da casa. Mirka prometeu conversar com Gerard e solicitar alguns colonos para ajudarem na concretização do imóvel.

Erika fez elogios ao genro por sua generosidade; admirava-o por ser um homem culto, da aristocracia francesa, que trocou sua vida anterior por Mirka, para viver um grande amor. Via-a como um jovem que se mudara para outro país aventurando-se a se tornar fazendeiro, e que levava tudo muito a sério. E que, por conta de sua dedicação, fazia com que a fazenda Bourchier progredisse a cada dia. Gerard era um homem bondoso, justo e fiel com os empregados e benquisto por todos.

Mirka concordava com a mãe. Não poderia ter conhecido alguém melhor, que a respeitasse acima de tudo e que fosse um bom pai para Dirk. Considerava que Deus a havia beneficiado, além das preces de Hendrick, que, lá do céu, com certeza, cooperava para que ela encontrasse a felicidade.

A tarde passou rapidamente. Ludvig foi buscá-la. Ele estava com o neto e, juntos, seguiram para a casa dos Bourchier. Gerard não estava, mas logo chegou e se acomodou em uma poltrona, enquanto Mirka se interessava pelo seu dia:

— Está cansado, querido? Resolveu todas as reformas na administração da fazenda?
— Sim! Boa parte. Esteve com os Dorth?
— Estive. Dominique se aventurou com o avô nos limites da propriedade — ambos riram.

Sabiam que a pequena, vivaz e esperta, deveria ter questionado Hugo e perguntado sobre todas as coisas que vira na fazenda.

— Antes que eu esqueça, os Willickens receberam notícias de Karla, confirmando que ela está grávida — salientou Mirka.

— Agora, Jean e Karla terão mais um motivo para se unirem ainda mais — acrescentou Gerard.

Ela falou sobre a conversa que teve com a mãe e a intenção de Van em construir uma casa na propriedade do pai. Ele logo se prontificou a ajudá-los e disse que passaria na fazenda dos Dorth para combinar os detalhes.

Assim, logo que pôde, foi ter com os Dorth e prometeu a Van que lhe daria o material da construção, como regalo de casamento. Gerard era prestativo e se entendia muito bem com o cunhado. Desenhou a planta para deixar a casa bem confortável e prometeu enviar trabalhadores para ajudá-los na construção.

Van não cabia em si de contente; agradeceu a Gerard pela generosidade e a amizade. Eles tinham muitas afinidades. Van queria o progresso da fazenda

Dorth e Gerard o admirava por ser tão trabalhador e ver que ele queria implantar novos sistemas na administração, embora Hugo, muito tradicionalista, não gostasse de novidades. Mas conquistar o pai era uma questão de tempo.

Depois, Gerard comentou com a esposa sua ida à fazenda Dorth e as medidas que havia tomado. Ela observou o marido; sabia que ele não media esforços para ajudar sua família. Ela era muito grata, não podia pedir mais nada a Deus, porque tinha tudo o que sonhara. Seu marido gostava dos Dorth; por essa razão e pelo que ele representava, ela o admirava ainda mais.

Dirk já era um adolescente. Mirka tinha muito orgulho dele, bem como os Willickens, que se encantavam com sua educação, presteza e seriedade nos estudos.

Euriko não tivera a mesma sorte. Estava limitado. Albert não tinha condições de custeá-lo, ainda mais depois de ter gastado uma fortuna para encontrar Miriam. A mãe ensinava ao filho tudo o que sabia, mas faltava-lhe um bom instrutor para prepará-lo para o futuro. Vollenhoven achava que, mais tarde, o filho iria substituí-lo na carpintaria.

O caminho da jogatina o levara à falência, mas agora ele tentava reconquistar tudo o que perdera, inclusive o amor de Miriam. Precisava trabalhar duro, pois seu desejo estava cada vez mais difícil. Ele não conseguia decifrar os pensamentos da amada, que estavam bem longe, em Rodolfo, esperando que a qualquer momento ele fosse buscá-la para levá-la e Euriko para longe dos olhos de Albert.

Miriam estava sozinha na cabana e não esperava visitas. Ouviu uma carruagem parar. Era Denise. Apesar dos anos, sua beleza ainda se destacava.

Miriam a convidou para entrar e a acomodou. Esperou que ela se pronunciasse.

— Trouxe boas notícias. Rodolfo está hospedado no bordel e quer ajudá-la a se desvencilhar de Albert.

Essa notícia encheu o coração de Miriam de alegria. Assim, ela ouviu atentamente as recomendações da amiga.

— No momento, Macquarie pede sigilo, pois teme que você possa estar sendo vigiada, por ordem de Albert. Mas ele vai traçar um plano de fuga. Aguarde as novidades.

Denise partiu e aconselhou a amiga a ficar atenta e não levantar suspeitas, pois o marido era astuto e desconfiado.

Mais tarde, Albert chegou a casa, e já estava a par da visita de Denise. Irritado, quase aos gritos, disse:

— O que a meretriz queria em minha casa? Se trouxe notícias de Rodolfo, ele que se cuide!

Miriam se desculpou tentando convencê-lo de que a saudade, principalmente de Euriko, havia levado a amiga até lá. Não existiam motivos para desconfianças, pois a situação mexia com os nervos do filho. Ele se aquietou. Depois da cena, ela estremeceu. Sabia que deveria tomar cuidado, pois ele era possessivo e perigoso.

Passaram-se os dias e Miriam não tentou contato com Rodolfo. Receava por ele. Euriko, que já entendia a situação, tinha crises de nervos. Ele torcia para que acontecesse algo que o livrasse daquele infortúnio. Rodolfo pensou em se aproximar, mas amigos que frequentavam o bordel o advertiram que Albert andava armado, e sua vida corria risco. Sendo assim, Rodolfo resolveu voltar para a França.

Quando Miriam soube da partida do seu amado, desesperou-se e chegou a pensar no fim dos seus sonhos. Por ser forçada a viver com alguém que não suportava, a revolta lhe acometeu.

Os meses se passaram. Os Willickens foram para a França, queriam estar por perto quando o neto chegasse. Logo Karla deu à luz. Quando o médico retirou a criança, ela se comoveu e perguntou, com muita expectativa:

— Doutor, qual é o sexo do meu filho?

— É uma linda menina — respondeu o médico.

Depois do parto, Jean entrou no quarto. Estava emocionado demais. Após beijar a esposa, a enfermeira colocou a criança em seu colo, e ele exclamou entre lágrimas:

— Juliet, que Deus a abençoe!

O casal já havia escolhido o nome da mais nova integrante da família Fellens.

Os avós Willickens e Fellens estavam radiantes de felicidade. A menina era alva, tinha cabelos claros e olhos amendoados. Eles se confraternizavam. Karla queria viver intensamente a maternidade. Os Willickens passaram dias maravilhosos ao lado da filha, apreciando a neta e agradecendo a Deus pela saúde e perfeição da criança. Mirka e Gerard não puderam ir, mas não faltaria oportunidade para conhecê-la. Ensaiavam uma nova data para ver Juliet.

Os Willickens voltaram para a terra Natal. Ao reencontrarem Mirka e Dirk, trocaram afetuosos abraços. Da França, levaram muitos presentes. Dirk ganhou do avô uma bota de cavaleiro. Beatriz trouxe para Dominique, uma boneca, cheia de cachos e laçarotes. Mirka os convidou para uma ceia especial. A mesa, colocada com arranjos de flores, talheres de prata e louça inglesa, completava o bom gosto. Mirka havia aprendido etiqueta com Beatriz, e isso a fazia uma excelente anfitriã. A comida foi servida por duas serviçais, e o bom vinho acompanhava os frutos do mar. Eles falavam o tempo todo de Juliet, sobre como era graciosa e a forma como Jean se comoveu diante da filha. Comentavam também o amadurecimento de Karla diante da maternidade. Estavam realizados, porque um neto acrescentava ânimo na vida deles.

***

Um ano se passou. Era tempo demais para Miriam, que vivia desmotivada, e para Euriko, que estava apático. Ele e o pai mal conversavam. Albert acreditava que isso seria um sintoma da doença dos nervos, mas, na verdade, era um problema espiritual. Mesmo sem saber o motivo, Euriko sentia-se mal com a presença do pai. A vigilância de Albert estava relaxada, ele não sentia mais ameaça em relação a Rodolfo, e não vigiava mais Miriam, como antes. Ela ainda tinha o dinheiro e as joias que ganhara. Entregou as peças valiosas para Denise e pediu a ela que as vendesse e comprasse passagens para a França. Estava decidida a fugir e combinou um plano com Euriko.

Após tudo arranjado, e com as malas prontas, partiram para o porto, perto do horário da partida do navio. Assim, não se surpreenderiam com Albert. Denise os ajudou, o dinheiro que sobrara da venda das joias, ela devolveu. Com aquele dinheiro, teriam uma reserva para a viagem e para irem ao encontro de Rodolfo.

Ao chegar a Paris, Miriam encontrou Rodolfo, que, para a garantia deles, providenciou outra residência, da qual ninguém tinha o endereço. Nomeou um procurador para seus negócios, o qual contatava com as galerias de arte e era de sua plena confiança. Ele teria cautela para viver no anonimato.

Outra vez, Albert se desesperou e contratou os serviços de Alex. Após passar dois meses em intensa busca, ele voltou para a Holanda, comunicando que eles não haviam deixado rastro. Seria impossível localizá-los.

Miriam, acomodada na nova casa, nos arredores de Paris, levava uma vida de rainha. Queria esquecer os tempos ruins. Euriko nem se lembrava de Albert, e via em Rodolfo seu verdadeiro pai. Como Macquarie não tinha filhos, foi fácil adotá-lo. Assim, ele criou um forte vínculo com o menino. Eles estavam sempre juntos. Rodolfo lhe ensinou a cavalgar e deu-lhe condições de aprendizado, com instrutores particulares. Ele agradava o enteado com vários regalos.

A vida de Miriam estava garantida, pois Rodolfo confessou-lhe estar apaixonado e declarou que queria viver, para sempre, ao lado dela. A casa em que viviam era luxuosa.

Ela estava treinando ao piano quando uma das criadas a avisou:

– Senhora, a ceia está pronta, o sr. Rodolfo a espera na sala de jantar.

– Já estou indo! – respondeu.

Ela se colocou à mesa, enquanto o jantar era servido. Euriko estava radiante e contou para a mãe a novidade:

– Mamãe, Rodolfo vai me dar um potro, e eu posso escolher o que mais me agradar.

– É mesmo, querido? Você faz nosso filho feliz! Olha como ele está contente!

E, assim, Rodolfo se portava como verdadeiro pai. A família se unia cada vez mais. Longe da cabana, e fora da presença de Albert, Euriko não tinha mais pesadelos. Ele era uma nova criatura, e Miriam comentou com o companheiro:

– Cada dia que passa Euriko se torna mais meigo, não acha Rodolfo?

– Ele tem se tornado um bom menino, o filho que eu não tive.

E tudo corria como Miriam havia planejado. Estava realizada e nada poderia atrapalhar aquela vivência.

***

Os anos se passaram. Dominique já era uma jovenzinha e pediu ao pai para visitar os avós paternos. Gerard, sempre encantado com a filha, fazia-lhe todas as vontades, assim comunicou à esposa:

– Querida, prepare-se; faremos uma viagem e passaremos um tempo na Riviera.

Mirka gostou da ideia, dava-se muito bem com os sogros, que possuíam ótimos predicados, além de recebê-la muito bem. E, assim, eles seguiram para a Riviera francesa.

Capítulo 15

A volta de Miriam e Euriko para a Holanda

Dez anos se passaram desde a partida de Miriam para a França. Albert nunca se acostumou a ficar longe do filho. Sozinho e obsidiado pelos espíritos, tornou-se cada vez mais doente.

Miriam, que vivia um conto de fadas, jamais imaginou o fim de seu romance. Mas, de repente, houve uma mudança. Rodolfo não era mais o mesmo. Quase não parava em casa, e não se encantava mais com sua beleza. Com o passar do tempo, ele lhe confessou estar apaixonado por outra mulher. Queria viver com ela. O destino preparava uma reviravolta na vida de Miriam. Por conta da Lei de Causa e Efeito na relação de Euriko com o pai, eles teriam de voltar para resgatar o passado.

Assim, em um determinado dia Rodolfo pediu a ela que deixasse a casa. Ele queria acomodar a nova companheira lá. Não adiantou Miriam argumentar. Ele comprou as passagens de navio para a Holanda, deu-lhe alguma soma e os levou ao porto. E, assim, ela voltou ao seu destino. Quando chegaram à cabana, Albert estava sentado em uma poltrona. Tomava um uísque e seus olhos sobressaltaram, espantado. No primeiro momento ele não conseguiu falar, depois, levantando-se, foi em direção a Euriko e o abraçou, comovido.

— Você voltou, filho! Quanto pedi a Deus que o trouxesse de volta — disse, com a voz trêmula.

Euriko se limitou a abraçá-lo, sem emoção. Miriam se desculpou, contando outra versão para sua saída da França. Fingiu emoção ao dizer que sentira sua falta e da sua terra. Contudo, ele a maltratou. Seu coração estava cheio de ódio. Não a havia perdoado e, em tom agressivo, disse:

— Não a quero aqui, Euriko pode ficar, mas você terá de seguir seu caminho. Não perdoo sua traição.

Euriko tentou argumentar, mas ele não lhe deu ouvidos. Miriam disse ao filho que se acomodaria com Denise e que logo voltaria para buscá-lo. Os olhos dele marejaram de tristeza. Estava acostumado com a presença da mãe. Seria difícil viver sem ela, mas ele faria de tudo para sair daquela situação. Já era um adulto e achava que saberia se defender daquele homem. Apesar disso, temia-o por conta de tudo que presenciara quando pequeno.

Miriam chegou ao bordel e foi recepcionada por Denise. Ela se surpreendeu com as notícias. Achava seu romance tão consistente que pensou que duraria até a velhice. Mas não adiantava chorar. Acomodou-a em um dos seus quartos e prometeu resolver a situação depois de um bom sono.

Para Miriam, a noite não passava. Cortava-lhe o coração ter deixado o filho com o pai. Mas esperava encontrar uma saída, nem que tivesse de viver como meretriz novamente para poder comprar uma casa e buscar Euriko.

Albert tinha planos para o filho, assim o levou à carpintaria para incentivá-lo a trabalhar com ele. A família Vollenhoven reviu o neto e lhe desejou saúde e sorte nos negócios.

À noite, enquanto dormia, Euriko teve os mesmos pesadelos. Sonhou novamente com a jovem que morava na cabana com Albert. A gravidez, a surra, o aborto, o feto, a Nogueira... O sonho lhe pareceu familiar, assim como a moça, que não lhe era estranha. Ele acordou em sobressalto, transpirando muito. A cabana o fazia sentir-se daquela maneira. Aqueles sonhos o incomodavam. Havia esquecido as lembranças de criança, mas sentia algo sutil e questionador.

Albert, vendo-o acordar agitado, preocupou-se e perguntou:

– O que aconteceu, novamente os pesadelos?

— Sim! Sonhos ruins me alertam sobre fatos ocorridos nesta cabana.

— Pare de pensar nisso. Pesadelos são sempre ruins, precisamos afastá-los, pedindo a Deus em nossas orações.

Euriko permaneceu calado, seu pai não orava havia muito tempo, mas seria bom afastar os maus pensamentos. Estava entristecido com a partida da mãe e faria qualquer coisa para viver com ela novamente. Albert achou que recuperaria o tempo perdido com a ausência do filho, mas a convivência deles iria piorar ainda mais.

Euriko guardava toda a verba ganha no trabalho na carpintaria. Tinha a ideia fixa de tirar a mãe do bordel e lhe dar uma vida digna.

***

Mirka estava na fazenda. Gerard havia feito uma encomenda de madeiras para refazer uma cerca do haras. O carregamento foi entregue por Euriko. Ele fazia as entregas da madeireira de Albert. Mirka, ao vê-lo, sentiu pena do rapaz, sabia que ele era filho de Albert e que era o feto que ela havia perdido.

Conforme o espírito superior lhe havia contado, o garoto e Albert tinham uma dívida; teriam de resgatar erros de vidas passadas e ela seria a pessoa que daria a Euriko a chance de reencarnar, colocando pai e filho juntos, para o acerto. Contudo, isso não foi possível, e ele foi concebido por Miriam, por terem muita afinidade.

Lembrando-se de tudo isso, Mirka fez uma oração e pediu a Hendrick que ajudasse Euriko em suas dificuldades.

Naquela noite, Euriko teve um sonho. Ele andava pela plantação de tulipas e sentiu um grande alívio quando avistou uma luz. Era Hendrick. Em tom suave, ele disse:

– Euriko, peço que perdoe seu pai, o ódio só lhe traz angústia e aborrecimentos.

– Quem é você? – Euriko perguntou.

– Sou Hendrick! Estou aqui para ajudá-lo e aliviar seu coração.

Ouvindo isso, o rapaz acordou. Seu coração batia descompassadamente. Lembrou-se que um espírito pedia para que ele perdoasse o pai. Mas ele não entendeu. Não tinha conhecimentos sobre resgate ou reencarnação, assim não compreendia o sentimento negativo contra Albert.

***

Mirka, conhecendo o gênio de Albert, sentiu que seria preciso ajudar o jovem naquele resgate. Pensaria em algo para tirá-lo daquele tormento, e contaria com a ajuda espiritual de Hendrick.

No casarão dos Willickens, Mirka se encontrou com Ludvig. Mostrou a carta de Dirk relatando sobre os estudos e sua adaptação em Londres. Depois, foi até as tulipas. Pensou em Hendrick e lhe pediu proteção ao jovem, pois era dolorosa sua provação. Seguia entre as tulipas quando a imagem de Hendrick surgiu. Sorrindo com afeto, ele comentou:

— Mirka, como tem passado? Ouvi suas preces.

— Estou bem, Hendrick! Há tantos anos não o vejo!

— Como lhe avisei, minhas visitas são limitadas. Hoje, permitiram-me atender ao seu pedido. Vou tentar ajudar Euriko.

Ele ainda falou algumas palavras sobre Dirk e, como era previsto, sumiu.

Naquela noite, na cabana, Euriko se preparou para dormir quando ouviu o som da maçaneta da porta. Era seu pai, que chegava bêbado, atropelando o que via pela frente. O filho, não gostando de vê-lo daquele jeito, criticou-o:

— Quando vai criar juízo e largar a bebida? E ainda está cheirando a perfume barato!

— Eu não admito que fale assim comigo! Veja se aprende.

Dirigiu-se à lareira, pegou o atiçador e foi em direção do filho, pronto para golpeá-lo. Nesse instante, Hendrick segurou a mão de Albert e o fez largar o instrumento. Euriko viu Hendrick segurando a mão de seu pai e não entendeu por que aquele espírito o ajudava. Notou ser o mesmo do sonho. O rancor tomou conta do seu coração, mas Hendrick o aconselhou a esquecer o ódio. Albert caiu na cama e o espírito argumentou:

– Perdoe-o. Ele cometeu esse ato por se encontrar embriagado. Vocês têm de se ajustar.

Assim que terminou a frase, desapareceu, deixando Euriko pensativo. Ele não queria acreditar nos espíritos, mas não podia ignorar esse acontecimento. Aquele homem do Além queria ajudá-lo, e ele nem sequer o conhecia.

No dia seguinte, pai e filho mal se falaram. Em vez de ir à carpintaria, Euriko foi à fazenda de Gerard pedir emprego. Mirka estava perto e pediu licença para conversar com o marido:

– Querido, gostaria de ajudar Euriko, sei dos problemas do rapaz, ele quer ajudar a mãe.

Ela explicou a situação de Miriam e o fez entender que conviver com Albert não era nada fácil e que, como cristã, ele precisava ajudá-los.

Gerard atendeu ao seu apelo e o contratou para ser ajudante do capataz. O rapaz tinha uma boa cultura pelos anos que vivera na França, e poderia ajudar nas tarefas com a administração. Prometeu a ele dar-lhe uma morada, como fazia com todos os colonos, e permitiu que ele levasse a mãe para morar com ele. Euriko ficou satisfeito e imensamente grato.

Entusiasmado, ele foi procurar a mãe e, ao chegar ao bordel, foi recepcionado por Denise, que ficou surpresa ao vê-lo homem feito. Levou-o até a mãe que estava sozinha em um quarto. Mãe e filho se abraçaram.

Ele contou as novidades e ambos se emocionaram. Começariam uma nova etapa, rumo a uma nova vida, onde o passado ficaria para trás.

Miriam pediu que ele dormisse com ela naquela noite. No dia seguinte, iriam à fazenda Bourchier. Ao chegarem à fazenda, notava-se as casas de colonos bem feitas, cercadas por arvoredos. Algumas tinham cercado no quintal e alguns animais para o sustento. Eram terrenos amplos, em que cada colono podia usar e plantar para suas necessidades.

Miriam teve uma surpresa, pois Mirka os aguardava. Ela não esperava por aquela recepção.

— Bem-vinda à família Bourchier! — explanou Mirka.

Miriam, tímida, agradeceu a hospitalidade e, em voz um pouco baixa, respondeu:

— Obrigada, Mirka!

Mirka os fez entrar na casa. As janelas abertas deixavam o sol entrar. Ela supriu as necessidades e a mobília, colocando lenha no fogão, onde um pão era assado. Miriam estava realmente atônita, não esperava tanta cordialidade, e soltou a voz, ainda perplexa:

— Pensei que você guardasse mágoa de mim.

— Nem pense nisso. Fomos vítimas do mesmo homem. Agora só se importe com o dia de amanhã, que, com certeza, brilhará também para você.

Mirka os deixou e ambos gostaram da residência e da cortesia da senhora, que não mediu esforços em ajudá-los para que começassem uma nova vida.

Euriko voltou à cabana; tinha de pegar seus pertences. Quando chegou, Albert o esperava. Queria pedir desculpas pelo dia anterior. Mas o filho, calado, arrumou suas coisas. Estava decidido. Albert entendeu, mas não queria que ele fosse embora:

— Por que está arrumando suas coisas? Não vá embora, filho!

— Depois do que aconteceu ontem, não temos mais nada a falar.

Ele saiu e Albert entrou em desespero. Não queria que aquilo tudo tivesse acontecido, mas, depois que tentou feri-lo, ele não tinha como argumentar. Viveria novamente na solidão, pensava que seria penoso demais viver sem ele.

Isso era o melhor para Euriko. Seu íntimo precisava de tranquilidade. As lembranças da cabana faziam-no ter pesadelos. A presença indesejável do pai e a separação da mãe eram demasiados fortes para o jovem. Seu espírito buscava paz, e ele a teria ao lado de Miriam.

De volta à fazenda Bourchier, ele foi para casa. Sua mãe o aguardava, estava preocupada com o encontro com Albert, mas, ao vê-lo tão bem, aquietou o coração.

Ele se apresentou ao capataz, que lhe mostrou a fazenda e, aos poucos, iria mostrar seus afazeres. Euriko demostrava muita vontade de aprender.

Os dias foram passando e a cada dia ele aprendia uma tarefa nova, familiarizando-se com todo o serviço da fazenda.

Estando bem instalados, a alegria de Euriko voltou-lhe à face. Sua mãe foi a primeira a notar seu bom humor, e sentiu-se realizada. Estava se ajustando à nova fase. Albert foi proibido de entrar na fazenda, eram ordens de Gerard. Depois de algumas tentativas frustradas, ele resolveu se acomodar. Isso era muito recompensador para Miriam e Euriko, que não queriam sua presença. A entrada da fazenda era bem estruturada, e ele teria de passar pela guarda dos colonos, que havia sido designado para cuidar da segurança da propriedade.

Euriko iria ter o seu soldo, mas Mirka tentava ajudar Miriam. Ela levou-lhe algumas toalhas para bordar; ensinou a ela como fazer os bordados e prometeu que outras senhoras dariam serviço a ela. Seria uma maneira de ter uma pequena renda. Assim, Miriam teria uma ocupação e não deixaria que as más lembranças lhe atormentassem, além de ajudar no orçamento da casa.

A fazenda fornecia muitas regalias. Tudo o que os colonos não plantavam, eles ganhavam mensalmente, e quando um animal era abatido, era distribuído aos empregados. Euriko levava muitas provisões, frutas e legumes, nada lhes faltava.

Um dia, Mirka foi ao casarão dos Willickens, levando Dominique consigo. Sentia falta de Dirk, que estudava na Inglaterra. Ela achava importante, porque lá as universidades estavam mais adiantadas. Dirk se empenhada muito nos estudos e escrevia regularmente à mãe. Além dos estudos e dos inúmeros amigos que fez na universidade, outro destaque em suas cartas era Sthefani, a amiga preferida. Notava-se o entusiasmo quando ele se referia à estimada jovem. Os Willickens também sentiam a falta de Dirk e de Karla. Mirka sempre ia visitá-los com Dominique a fim de alegrá-los.

Ao entrarem no casarão, Beatriz beijou Dominique e disse:

— Como está minha pequena neta?

— Bem, vovó. Não se esqueça de que logo completarei quinze anos, e você ainda me trata como uma criança.

Beatriz e Mirka entreolharam-se, e deixaram escapar uma risada. Ludvig, ouvindo a conversa, apareceu para ver a jovenzinha, bela e inteligente. Após prolongarem-se na conversa e colocarem os assuntos em dia, Mirka comunicou que ainda precisava passar na fazenda dos pais.

Mãe e filha entraram na charrete e seguiram para a casa de Erika.

— Que bom vê-las! Entrem, temos muito a conversar.

Hugo distraiu a menina, enquanto Mirka e a mãe prepararam um chá. Elas eram muito unidas e confiavam uma na outra. Desde cedo, Erika dividia os problemas com a filha. Por essa razão, ainda criança, Mirka sentiu o peso da responsabilidade. Agora eram outros tempos, os problemas financeiros haviam terminado e, no meio da conversa, Mirka indagou:

— E Van e Frans, estão contentes com a vida de casados?

— Muito contentes! Frans, mesmo sendo estreante no casamento, está encantado com a esposa, não lhe polpa elogios.

Mirka, relembrando o passado sofrido, mas recompensador, e as inúmeras necessidades financeiras que tiveram, só tinha a agradecer a Deus pela fartura e saúde de sua família. A fazenda havia crescido muito com o gado e as ovelhas, sem contar as plantações. Van era muito competente e seguia os conselhos de Gerard.

***

O outono chegou. Mirka estava em casa e observava os arredores da fazenda. Euriko passou cavalgando, indo atrás de um novilho perdido. Gerard depositou-lhe muita confiança e orientou o capataz para ensiná-lo tudo sobre administração.

Albert estava sozinho na cabana. Sua vida se resumia em noitadas maldormidas, mulheres e muita bebida. Já havia tempo que se queixava da saúde, e algumas vezes consultara o doutor, que o proibira de beber. Sua mãe, muitas vezes, aconselhou-o a largar aquela vida. Ela orava para que ele se reconciliasse com Deus e voltasse para a igreja. Mas Albert nunca ouvia ninguém. Era rude na aparência e no coração, e os excessos o estavam consumindo.

Andrew, sempre presente na vida de Albert, preocupava-se com o amigo e notava que a sua saúde piorava. Resolveu avisar Euriko, procurando-o na fazenda Bourchier. Entrou na casa de Miriam e expôs o assunto que o havia levado até lá. Euriko chegou e ele continuou:

— Seu pai está muito doente, a família tem tentado ajudá-lo, mas ele não os ouve. Em seu delírio chama por você.

— Sabe como é difícil a nossa relação, mas irei vê-lo.

Naquela noite, Euriko foi à cabana e percebeu que o pai estava muito doente. Albert estava magro, pálido e tossindo muito. Parecia estar com alguma doença pulmonar. Euriko já havia visto pessoas que sofriam desse mal, antes, e a aparência era como a do pai. Ele se aproximou, e Albert falou:

— Estimo vê-lo, filho, gostaria de me desculpar por aquele incidente entre nós. Não foi proposital, como sempre, a bebida me atrapalhou.

— Esqueçamos o passado e tentemos viver o presente.

Albert estava melancólico e confessou a falta que sentia dele. Acreditava em sua melhora e, assim que se curasse, tentaria ser um pai melhor. Disse que perdoaria Miriam, se assim Euriko quisesse. O filho lhe contou sobre seu trabalho na fazenda Bourchier, exprimindo sua realização com os afazeres. Depois de longa conversa, desculpou-se por precisar ir embora. Teria de levantar cedo no dia seguinte. Assim, despediram-se e, em Albert, ficou a esperança. Ele sentiu que reatara a amizade com o filho.

***

O inverno chegou. O frio era intenso e Albert piorou muito. O doutor não lhe dava esperança de cura. Euriko foi visitá-lo algumas vezes, e sabia que seu estado era irreversível. Num dia frio, em que a neve castigava os campos, a família de Albert procurou Euriko para contar-lhe sobre seu falecimento. Filho e mãe foram ao funeral e oraram por sua alma.

Passados alguns dias, todos voltaram às suas rotinas. Euriko trabalhava com afinco. Mesmo no inverno era um empregado incansável e disciplinado. Num dia, após voltar para casa, encontrou com as pessoas da família Vollenhoven. Haviam ido lhe entregar a chave da cabana. Afirmavam ser um desejo do pai que ele ficasse com a casa. Euriko aceitou e a família se retirou, certa de ter cumprido a vontade de Albert.

O contato com os colonos fez Euriko conhecer Raquel, uma jovem encantadora. Ela alfabetizava os filhos dos colonos. Era uma senhorita com muitos predicados, e isso o fez se apaixonar por ela. Euriko frequentava a igreja e todos os domingos a encontrava. Nesse convívio, ela aceitou sua corte. Eles combinaram que Euriko pediria ao pai dela a permissão para o compromisso. Ele ensaiou as palavras algumas vezes, mas era difícil imaginar as respostas de Antoon. Assim, ele encheu-se de coragem e marcou o dia da visita à família de Raquel.

Chegando à sala da casa, Euriko cumprimentou Valeri. Com ar severo, Antoon impôs respeito, cumprimentando-o e convidando-o a sentar-se. No decorrer da conversa, ele colocou suas imposições quanto à regra da casa e aos bons costumes. Euriko esclareceu suas intenções, afirmando querer firmar um compromisso para o casamento. Antoon comentou a recomendação de Mirka sobre as suas qualidades e disse que as referências o ajudaram a aceitar o futuro casamento.

Voltando para casa, Euriko logo contou à mãe sobre a visita à família de Raquel e a aceitação do pai dela para o compromisso de casamento. Miriam abriu um sorriso, ficando satisfeita pelo filho.

Capítulo 16

A visita de Dirk

Tudo estava tranquilo na fazenda Bourchier quando uma carta de Dirk chegou às mãos de Mirka. Gerard estava sentado a seu lado. Curiosa pelas notícias, ao abrir a carta, leu-a e disse para o marido:

– Dirk virá na primavera! Não vejo a hora de abraçá-lo.

O tempo passou rápido e o inverno se despediu. As flores despontaram nas frondosas árvores. A primavera chegou exuberante e fez crescer a ansiedade de Mirka para rever Dirk.

Chegou o dia e todos foram ao porto para receber Dirk. Estavam presentes os Willickens, os Dorth e os Bourchier. Assim que Dirk desceu do navio, mãe e filho se abraçaram afetuosamente. Os Willickens fizeram o mesmo. Dominique debruçou-se em seus braços e Gerard o recepcionou com muita cortesia. Os Dorth se emocionaram. A princípio, Dirk foi para a fazenda Bourchier, prometendo visitar os avós. Seu quarto o aguardava, todo redecorado para a sua chegada.

Após descansar da longa viagem, ele se reuniu com a família para a ceia. Enquanto ceavam, ele contou aos familiares as novidades, falou sobre os amigos e o romance com Sthefani. Pelo entusiasmo, podia-se perceber que o assunto era muito sério. A noite caiu e nasceu mais uma manhã, banhada pela luz do Sol.

Enquanto isso, Euriko chegou à cabana e resolveu contratar um trabalhador para ampliá-la e melhorar o seu aspecto visual. Pensava que, se sua mãe quisesse, poderia morar com ele lá, embora ela se negasse a deixar a moradia da fazenda.

Naquela manhã, Mirka, acompanhada de Dirk, foi à casa dos Willickens. Os avós queriam saber todas as novidades. Dirk, muito atencioso, relatou o cotidiano em Londres, principalmente da universidade, e falou dos amigos e de Sthefani, com quem tinha um compromisso. Ambos queriam terminar a universidade. Sthefani já o havia apresentado aos pais, que concordaram plenamente com o romance e também com o projeto de terminarem os estudos antes de contraírem matrimônio.

Após a longa conversa, Mirka o convidou para andar pela plantação de tulipas. Enquanto caminhavam entre elas, a memória de Dirk se reavivou, e ele se recordou da presença do pai quando ainda era muito pequeno. Assim, perguntou à mãe:

— Tenho lembranças do meu pai andando comigo pela plantação. Isso foi real, mamãe?

— Sim, meu filho. Foi o que aconteceu.

— Devo acreditar nos espíritos?

— Seu pai é a prova disso. Você tem o mesmo dom que eu, pode ver os espíritos, embora ainda suas visões estejam adormecidas.

Após isso, conversaram sobre Hendrick, e ele manifestou a vontade de revê-lo, embora Mirka o avisou que a materialização dele estava cada vez mais rara.

Relembraram o passado. A sensação de andar entre as tulipas lhes transmitia paz e os levou a sentir saudade; assim, as recordações afloraram.

Depois disso, voltaram à presença dos Willickens. Todos queriam saborear cada palavra de Dirk, sem perder o foco da conversa. Ele contava alguns momentos engraçados e de lazer nas folgas da universidade. Havia amadurecido, era um homem responsável e divertido. Beatriz observava a transformação do neto e ficava feliz por saber que logo ele iria se casar; afinal, era esse o destino de homens e mulheres: casarem, construir um lar e ter filhos. Era a evolução do ser e, para isso, ela deveria estar preparada para não cometer outro erro, como acontecera com Hendrick.

A escolha da esposa de Dirk deveria ser uma decisão dele. Ela jamais colocaria empecilho na vida do neto. A família iria aumentar, e isso, sem dúvida, era um fato a ser logo consumado. Seu coração teria de estar aberto a novos fatos e ideias.

Dirk observava o olhar pensativo de Ludvig. Devia estar entregue a recordações do passado, lembrando-se de quando Hendrick cavalgava pela fazenda, com sua expressiva vitalidade. Dirk era muito parecido com o pai, e isso fazia Ludvig sentir ainda mais saudade e lamentar o futuro inexistente, que fora cortado pela fatalidade. Dirk o despertou:

— Em que pensa, vovô?

— Recordo-me de Hendrick, vocês são muito parecidos.

Dirk esboçou um sorriso e contou passagens engraçadas das peças que os amigos pregavam entre si. Seu avô sorriu novamente, aqueles momentos alegres tiravam-no das lembranças tristes. Mirka se entregou a ouvir os gracejos do filho; sentia-se orgulhosa por ele ser um jovem inteligente e alegre.

As horas passaram depressa, e Mirka apressou o filho. Tinham de voltar à fazenda. E, assim, ambos se despediram. Ao chegarem, Dominique correu ao encontro do irmão, e disse, eufórica:

— Você vai ficar aqui para sempre, Dirk?

— Ainda não, estou terminando os estudos, mas o tempo passa depressa. Logo estarei de volta.

Dominique pediu ao irmão para ir com ela até onde estavam os cavalos. Ela cavalgava muito bem e queria mostrar suas habilidades.

***

Euriko estava na cabana e a reforma estava pronta. Ele iria aproveitar bem o terreno para plantar e fazer um curral para alguns animais.

Ele deitou-se em uma poltrona e, cansado, adormeceu. Os pesadelos assaltaram sua mente, e ele sonhou com Albert enterrando um feto. Acordou rapidamente. A cabana lhe trazia más recordações. Ele não conseguia distinguir aquela sensação; não estava amadurecido para entender a ligação do feto com a sua existência, porque acreditar em espíritos e reencarnação era algo inaceitável. Ele não associava os distúrbios de criança aos pesadelos, comprometendo sua saúde. Resolveu esquecer tudo aquilo; afinal, tinha compromissos na fazenda.

Euriko era um trabalhador esforçado, e mais ainda por causa dos compromissos do casamento, queria se destacar e alcançar um cargo melhor. Por essa razão, trabalhava duro.

Miriam sentia-se satisfeita; seu filho era um homem trabalhador e honrado, apesar do que havia passado, ela se tornara uma excelente dona de casa e vivia só para o filho. Ainda pensava em Rodolfo e na vida de mordomia em Paris. Mas não pensava em voltar ao bordel para obter lucro fácil, apenas desejava arrumar um bom pretendente e ter uma vida a dois, sendo amparada por um companheiro. Não queria dar trabalho ao filho. Achava que ele deveria ter uma vida de casado, pois um casal precisa de privacidade.

Era uma jovem senhora, porém nem o desgosto causado por Albert e sua vida conturbada haviam destruído sua beleza. Ainda se mantinha esbelta, com pele macia e olhar cativante. Esses eram atributos para conquistar qualquer coração.

Estava frequentando o sermão de Kall e tinha sido aceita pelos fiéis, por estar recuperada das orgias do bordel e ter se tornado uma respeitada senhora, cumpridora dos seus deveres, principalmente com a igreja. Estava sempre empenhada em ajudar nas obrigações dos eventos para angariar fundos, tanto para as reformas como para obras de fundo social.

Ela notou olhares de um rico fazendeiro, Rener Joling. Ele estava viúvo havia cinco anos. Era um bom partido. Ela trocava olhares e esperava uma investida do pretendente, e não faltavam encantos para enredá-lo. Ela sabia esperar, inteligente e sedutora, tinha o dom da conquista como ninguém, reflexos de sua vida passada. Euriko já havia notado o interesse do fazendeiro. Cauteloso e ciumento, pedia a ela para tomar cuidado, pois não queria vê-la sofrer novamente.

Uma luz entre as tulipas

***

Estava chegando o dia da partida de Dirk e Mirka o cobria de carinhos. Teriam de se afastar, mas ela não podia ser egoísta, pois os estudos eram essenciais. Dirk visitou os Dorth, cavalgou com Hugo e alcançou as colinas. Ele conheceu o lugar onde Hendrick se acidentara. Hugo contou ao neto todo o episódio da triste morte de seu pai e o quanto ele era benquisto pelos colonos. Comentou que, se ainda estivesse vivo, Mirka não teria sofrido tanto, nem teria desposado Albert. Mas lembrou o neto que isso era passado e que sua mãe desfrutava, no momento, o doce dos frutos colhidos.

Ouvindo o avô, Dirk sentiu ainda mais vontade de rever o pai. Gostaria que seu espírito aparecesse para ele. Guardou esse sentimento em seu coração, pois Hugo não acreditava em espíritos. Após isso, Dirk disse à mãe que desejava ir às tulipas para tentar ver o pai. Mirka o avisou que sua aparição era rara e que ele teria de esperar ordens dos superiores. Mesmo assim, Dirk insistiu, e a mãe o acompanhou até as tulipas. Chegaram cedo ao casarão, e após dialogarem com os Willickens, mãe e filho foram para a plantação em busca da aparição de Hendrick. Enquanto caminhavam entre as flores, a sensação do passado emocionava Mirka. Ela se lembrou do primeiro dia em que Hendrick aparecera em espírito e de suas palavras de carinho e incentivo diante de tudo o que passava. Quanto a Dirk, seu coração acelerava, tinha uma vontade imensa de vê-lo, gostaria de tocá-lo, como aconteceu quando era criança. Veio à sua mente a recordação do momento em que andava pelas tulipas de mãos dadas com o pai, e isso o deixou comovido.

Ambos estavam apreensivos quando um clarão se colocou na frente de Dirk. Hendrick apareceu tangível aos olhos dos dois:

– Como está, Dirk? – perguntou o pai.

– Bem. Posso abraçá-lo?

Assim, abraçaram-se num carinhoso gesto de amor fraternal. Hendrick elogiou o filho pelos estudos e disse estar feliz com o encontro. Lágrimas rolaram dos olhos de ambos. Hendrick agradeceu a Mirka a educação que dera ao filho. E a luz se desfez vagarosamente. Dirk ainda estava atônito, não conseguia se expressar com palavras, e sua mãe completou, afirmando ser Deus muito piedoso por permitir aquela manifestação.

Dirk saiu da plantação, acompanhado por sua mãe, levando consigo aquela experiência. Eles relataram aos Willickens, que lamentaram por não estarem presentes. No dia seguinte, Dirk preparou as malas. Sua mãe o ajudou a organizar as roupas. Havia um brilho no olhar dele, e Mirka percebeu o quanto o encontro havia sido importante. A família se reuniu e o levou ao porto. Foi uma despedida dolorosa para ela, mas esperaria por sua volta com paciência.

Capítulo 17
Lembranças do passado

Euriko estava firme na decisão sobre seu casamento. Ele foi cauteloso ao seguir o desejo dos pais da noiva. Marcou a cerimônia com Kall, preparou a cabana, deixando-a com novos ares, e a mobiliou com conforto, para que pudessem desfrutar a vida de casados. A cerimônia foi realizada. Miriam, os Vollenhoven, e a família de Raquel estavam presentes. Alguns convidados testemunharam o casamento.

Os noivos foram para a cabana. Era o início de uma nova vida. Eles estavam radiantes de felicidade. Euriko teve dois dias de folga no trabalho, e o casal pôde saborear a vida íntima. Após uma semana, Euriko continuava na rotina de trabalho e voltava para casa à noite. Raquel era muito amorosa e excelente cozinheira. Quando ele chegava, a mesa estava posta. Os assados e os doces acomodavam-se em tolha bordada à mão, feita por ela mesma.

Parecia ser uma noite agradável, mas, ao dormir, voltaram-lhe os pesadelos. Dessa vez, ele sonhou com um passado distante de outra vida. Albert era seu amo, no tempo da escravidão. Ouvia-o chamá-lo de Reyner. A voz dele não era agradável. Era imponente e tinha traços de arrogância. Eram tempos difíceis, e Reyner lutava por sua liberdade. Astuto e inteligente, formou um grupo de rebeldes que o chamavam de líder. Planejaram estratégias para a fuga. Estavam cansados daquela tirania. Contudo, Gustavo (Albert), desconfiou de sua estratégia e esfolou um negro até que lhe contasse a trama. Irado e descontrolado, mandou que amarrassem Reyner e o castigou com muitas chibatadas, levando-o à morte.

Diante da cena, Euriko despertou. Sentia calafrios e passava mal. A esposa o acalmou e tentou ajudá-lo:

— O que houve, querido? Os maus sonhos novamente?

— Sim, porém, desta vez, eu me vi em outro tempo, sendo morto pelo meu pai. Esses fatos me são inexplicáveis.

— Esqueça, querido, isso logo passa. Vamos procurar Kall e orar para que os pesadelos não voltem.

O espírito de Albert não estava em paz. Após a morte, havia se recordado das lembranças do passado e descobrira o quanto tinha prejudicado Euriko. Pôde entender que a repulsão do filho não era por acaso, e, sim, expressão de mágoas de outra vida. Albert estava no umbral e queria o perdão do filho, mas os espíritos escravos, o estavam atormentando. Tinham sede de vingança. Por esse motivo, Albert voltou à cabana. Não queria assustar o filho e a nora, apenas esconder-se dos obsessores, que o perseguiam. Supôs estar bem escondido na cabana para se livrar dos perseguidores e tentar se materializar para se desculpar com Euriko.

Albert não tinha consciência do seu estado, estava confuso na lembrança do passado e, vendo o filho, tentava falar sobre o mal que lhe havia causado. Euriko não o ouvia, sentia apenas uma sensação de desconforto. A inquietude dele preocupava Raquel, que tentava alegrá-lo, mas ele afirmava estar indisposto. Raquel achava que o cansaço do trabalho e as preocupações, deixavam-no naquele estado. Aparentemente não seria nada grave. Os dias se passaram, mas algo estava crrado. Ruídos estranhos estalavam na cabana e objetos eram arremessados ao chão.

Raquel e Euriko não encontravam explicação para os fenômenos. Talvez a solução fosse orar. E assim fizeram, até que os ruídos desapareceram. Os inimigos de Albert, de outra vida, já o haviam descoberto, e as manifestações vinham deles, que tentavam molestá-lo. Tudo isso afetava o casal. Os jovens sequer imaginavam aquela realidade sombria.

Passaram-se alguns dias e, na cabana, onde antes havia paz e silêncio, os ruídos haviam voltado, e sempre pioravam à noite. O casal passou a ter medo daquele fenômeno sobrenatural e resolveu procurar Kall no dia seguinte.

Ao chegarem à igreja, o pastor se surpreendeu com as reclamações de Euriko. Ele contou que, além dos ruídos, objetos eram atirados ao chão, e que esse fato era novo e assustador. Kall se propôs a ir à cabana exorcizar o mal. Assim que chegaram ao local, Raquel o acomodou e lhe serviu um chá. Então, aguardaram que o fenômeno ocorresse.

Naquela época, os representantes da igreja e o povo acreditavam que fosse o maligno que causasse esse tipo de mal e não espíritos. Não conseguiam compreender que existia vida após a morte; que eram os maus espíritos que causavam o fenômeno, porque todo o espírito devia buscar a Deus a fim de não perecer nas trevas. Com muitas orações, e achando que havia expulsado o maligno, Kall conseguiu aliviar, pelo menos naquele momento, a presença dos intrusos badernerios, e orientou o casal a orar todos os dias para que a luz espantasse as trevas.

Eles agradeceram a Kall, que se despediu, voltando para a igreja para cuidar de suas obrigações. Euriko ficou aliviado da tensão e confortou a esposa:

– Não devemos temer, Deus nos ouviu.

Euriko continuou indo para a fazenda, pois tinha muito trabalho a fazer. Raquel estava despreocupada, já que o mal se afastara de sua casa; sentia-se tranquila ao ficar sozinha na cabana. As horas se passavam e ela cuidava dos afazeres. De repente, algo aconteceu. Um objeto passou flutuando no ar, enquanto ela ouviu risadas maldosas. Isso a deixou desnorteada e, então, resolveu procurar o marido na fazenda. Quando lá chegou, deparou com Mirka. Raquel estava pálida e mal conseguia falar. A senhora a convidou para entrar e pediu que se acalmasse. A jovem se recuperou e, ofegante, disse:

— Senhora, venho procurar o meu marido. Coisas estranhas vêm acontecendo na cabana. Objetos flutuam no ar. Nem mesmo Kall conseguiu espantar o maligno.

— Calma, Raquel, tentarei ajudá-la. Então Kall já foi lá?

— Sim, senhora, mas parece que o mal voltou.

Mirka pediu a um empregado para ir chamar Euriko. Ela entendia que eram espíritos que se manifestavam na cabana, e faria de tudo para ajudar o casal. Enquanto Euriko não voltava, ela tentava confortar a jovem. Como Raquel não era vidente, era mais difícil acreditar no mundo dos espíritos. E era normal sentir-se insegura e medrosa. Chegando, o marido tentou confortá-la. A sra. Bourchier se ofereceu para ver a manifestação de perto, e todos foram enfrentar o mal.

Rapidamente, chegaram a casa. A princípio, estava tudo silencioso. Parecia que os espíritos zombeteiros tinham partido para longe. Acomodaram-se e Mirka quis saber como se portavam e se, por acaso, tinham visto alguma aparição.

– Deus me livre – disse Raquel. – Acho que se eu vir alguma coisa desmaio.

Logo, começaram os ruídos, as risadas e as manifestações. Albert estava lá e tentava se livrar dos obsessores, que o seguravam firme para que ele não fugisse. Raquel saiu da cabana e Euriko lhe fez companhia. Mirka pediu que esperassem e foi até as tulipas. Andando entre elas, pediu que Hendrick aparecesse com seu superior para ajudá-la com os espíritos da cabana.

Mirka orou e logo uma equipe de socorro compareceu, com Hendrick e o superior. Ela disse:

– Graças a Deus! Preciso muito que afastem os maus espíritos. Não sei por que estão com Albert.

– Eles são obsessores de vida passada, aos quais ele fez mal. Eram escravos e ele, como amo e senhor, fez muita barbárie – disse o superior.

Mirka voltou e entrou na cabana, pedindo para o casal ficasse do lado de fora. Orou em voz alta, enquanto Hendrick e o superior os retiraram para levá-los em tratamento de recuperação. O casal percebeu que o barulho havia terminado e achou que havia sido por proeza de Mirka. Como ela não podia explicar, deixou que assim pensassem, dizendo que podiam ficar despreocupados, pois o mal havia partido.

    Ao regressar a casa, a sra. Bourchier comentou os problemas com Gerard, e ele pediu que deixasse para Kall resolver a questão. Como ela não queria explicar a aparição de Hendrick, deixou que o assunto acabasse para voltar à tranquilidade do lar.

    No dia seguinte, ao chegar à fazenda, Euriko comentou que a noite havia sido tranquila, e que acreditavam que a paz voltaria, porque tudo tinha sido resolvido com as orações feitas por Mirka, e que Deus os abençoaria para sempre. Ao terminar o trabalho, Euriko foi ver a mãe e relatou o sucedido. Miriam já havia tomado conhecimento dos dons de Mirka, e sabia que ela conseguia ver o sobrenatural, porém resolveu guardar segredo.

    Na fazenda, Mirka observava o começo do outono. As folhas caíam e as árvores se desnudavam. Cada estação tinha seus encantos. Dominique pediu para cavalgar e a mãe lhe fez companhia, pois não queria que a menina cometesse excessos; para isso, deveria ser vigiada.

    No prado, encostado em uma árvore, um homem lhes acenava. Mirka logo percebeu tratar-se de um espírito e, para sua surpresa, a filha comentou:

    — Mamãe, quem é o senhor que nos acena?

    Tomada pelo choque, ela respondeu que era um colono da fazenda, pois ainda era muito cedo para explicar a ela sobre os espíritos.

Ao voltar da cavalgada, ela recebeu uma carta de Dirk, explicando:

Mamãe,
Espero que esteja bem, assim como todos, e que os avós Dorth e Willickens estejam com saúde.
Talvez o assunto não lhe agrade, eu sei que deveria ter calma, para que todos pudessem participar, mas não consegui esperar. Casei-me com Sthefani e estou muito feliz. Logo que os estudos terminem, voltarei para casa para firmar-me e formar família. Sthefani já aceitou viver na Holanda.
Espero que me perdoe.
Com amor,

Dirk

Esse foi o trecho principal da carta, que releu muitas vezes. Mas concordou que entenderia o filho, pois apenas sua felicidade é que importava. As formalidades não fariam um casamento ser feliz, por esse motivo, aguardaria o filho para abençoá-lo.

Mirka foi até os Willickens para contar a novidade. Ao chegar lá, Beatriz estava na varanda. O vento assobiava e soprava intensamente em seu rosto. Ela era uma senhora delicada, uma verdadeira *lady*, que tinha os cabelos levemente grisalhos e uma pele viçosa. Ela nunca havia tido problemas financeiros. Sendo de família nobre, tivera sempre as melhores oportunidades, estudara na França, nas melhores escolas, havia cursado

Filosofia e tinha aprendido etiqueta com as mulheres mais influentes de Paris. Notando a presença de Mirka, Beatriz sorriu, indagando:

— Não a esperava. Traz-me boas notícias?

— Creio que sim! Afinal, trata-se da felicidade de Dirk.

Mirka abriu a carta e esta leu demoradamente.

— Não é mesmo que Dirk casou-se? Mesmo sem nos avisar, desejo que ele faça um ótimo casamento e vou me acostumar com Sthefani.

Logo, Ludvig foi participar da conversa e concordou que o neto estava preparado para o casamento e que seria um bom marido, já que era um bom filho. O sr. Willickens comentou que ele daria um bom apoio financeiro ao neto. Gostaria que se fixasse na Holanda e compartilhariam, ainda, alguns bons anos. Mirka concordou que ter o filho por perto seria esplêndido. Sua felicidade estaria completa, tinha certeza de que Hendrick se orgulharia de Dirk ao vê-lo casado e com o diploma da universidade.

Tantas coisas aconteceram na vida de Mirka, mas o passado e a lembrança de Hendrik ainda latejavam em sua mente.

O inverno chegou, a neve esbranquiçava a vegetação, pequenos flocos de orvalhos se congelavam. Era uma cena que lhe lembrava o Natal, e seu pensamento foi até a data em que se encontrou às escondidas com o jovem Willickens. O sorriso franco de Hendrick, a jovialidade, o presente da caixinha de música, tudo estava tão distante, mas tão perto, nas lembranças.

O Natal chegaria e, por certo, iria reviver cada instante do passado. Estava à sala da fazenda quando foi despertada pelo marido, que, carinhosamente, aproximou-se e, num sorriso, perguntou:

– Está triste, Mirka? O que você tem?

– Estou pensativa e preocupada. Dirk casou-se. Preocupo-me porque ele é muito jovem.

– Deixe que as coisas aconteçam naturalmente, Dirk já é um homem – afirmou Gerard.

Concordando com o marido, os pensamentos se dissiparam e ela se alegrou com Dominique, que estava sempre atenta às conversas, principalmente porque Gerard dizia querer comprar uma propriedade para Dirk, para que ele tivesse um bom começo de casamento. Mirka sentia-se grata. Deus a consolou depois da morte de Hendrick, dando-lhe um marido generoso, fiel e amoroso. E ela correspondia a seus sentimentos, mesmo quando sentia a dor de ter perdido Hendrick. Gerard era um homem especial que acrescentara muitas alegrias à sua vida.

Dominique se alegrou por saber que o irmão voltaria para a Holanda e teria uma propriedade só para ele. Fazia planos para que construíssem um haras, para ela desfrutar com Dirk as longas cavalgadas, que, por certo, teria com ele. Admitiria que Sthefani participasse do evento, pois sabia que a jovem não era páreo para ela, pois derrotava qualquer donzela das redondezas, tamanha a sua destreza.

À noite, o frio congelava a todos, que estavam em seus quartos aquecidos pelas lareiras. Pela manhã, Mirka entrou na carruagem e pediu ao condutor para levá-la à fazenda dos Dorth. Ao bater à porta, a mãe surpreendeu-se por ela estar ali tão cedo:

— Está tudo bem, querida?

— Sim, mamãe, estava com saudades.

Erika se ocupava do fogão. A rotina da sra. Dorth não mudava; mantinha os mesmos costumes e hábitos. Mirka, gentilmente, foi buscar os ovos no celeiro. Ao deitar-se no feno, relembrou as palavras de Hendrick, de que estava chegando ao fim de sua missão, e logo não mais apareceria. Foi tomada por uma forte emoção e relembrou aquela noite. Não conseguiu deter as lágrimas e, então, aconteceu o que ela menos esperava: Hendrick se materializou para ela.

— Hendrick? — exclamou ansiosa.

— Por que chora, Mirka?

— Sinto saudades dos velhos tempos. Eu teria sido tão feliz com você!

— Eu sei, Mirka, mas o meu destino estava traçado.

— Nunca compreendi por que as pessoas morrem tão jovens!

— Vivemos o tempo certo, em que atingimos a nossa missão.

— Mas você deixou um filho.

— Também sei disso, na época, era incompreensível para mim, mas, hoje, sei que nossa vida está nas mãos de Deus.

— Por que, então, ele o levou?

— Era o tempo de que eu precisava, mas isso não impede que eu volte em outro corpo, em outra vida.

Ela concordou com a lei da reencarnação. A aparição de Hendrick se apagava, e ele se despediu, pedindo que ela não sofresse. Desejava muitas felicidades a Dirk com o seu casamento.

Ela lembrou-se dos ovos e os levou à mãe. Pediu desculpas por ter se distraído, e sua mãe disse:

— Sirva-se, o leite está quente, e a broa de milho está uma delícia.

Era impossível não se sentir bem com sua mãe. Estar ali a fazia lembrar-se de sua infância e da carinhosa Erika Dorth, que a amparou em todos os seus momentos difíceis. Hugo Dorth levantou-se cedo e, como de costume, estava na lavoura. Era um homem trabalhador e não poupava esforços para ver a plantação saudável.

Após tomar o café da manhã, ela voltou para casa. Dominique estava acordada e já havia notado a falta da mãe:

— Mamãe, foi ver os avós Dorth?
— Sim, querida, está tudo bem e lhe mandaram lembranças.

Mirka ainda estava aturdida, não conseguia pensar em outra coisa, somente no encontro com Hendrick. Dominique estava inquieta, porque a neve a impedia de cavalgar. Insistia com a mãe para deixá-la sair, mesmo com a neve, mas ela comentava sobre os perigos de cavalgar naquele tempo, e de como acidentes podiam acontecer.

Nesse momento, de chapéu e capa, Euriko entrou na sala, pedindo licença para deixar o vasilhame do leite na cozinha. Aproveitando a presença dele, ela perguntou se o horror na cabana havia cessado, e ele, educadamente, respondeu que sim.

Euriko estava com um aspecto ótimo, não tinha mais pesadelos e o mal do passado não mais o atormentava. Estava tranquilo, vivendo feliz com Raquel. A cabana era um refúgio, um ninho de paz para o jovem casal. Miriam sempre ia visitá-los. Estava bem, morando na fazenda Bourchier. Seu pretendente sempre a rodeava, porém ela tinha saudades de Rodolfo, talvez nunca o tivesse esquecido.

No dia seguinte, após ver Hendrick, Mirka atrelou o cavalo e foi ao local onde acontecera o acidente. Ela estava longe dos colonos, sozinha, na intensa neve. Chegou ao local onde o cavalo dele havia caído. O lugar tinha um tronco tampando a imensa vala, para que outros acidentes não acontecessem. Essa medida fora tomada por Ludvig, por preocupar-se com qualquer pessoa que passasse por lá. Mirka congelava na neve, parecia ser a primeira vez que via o local do acidente. Seus sentimentos estavam confusos, porque Hendrick não mais apareceria. Era difícil conviver com a realidade que estava chegando. Amava Gerard, entretanto, Hendrick estava presente espiritualmente em sua vida, era como se fosse perdê-lo novamente. Mesmo sem vê-lo, ele tomou a rédea do cavalo e a levou de volta.

Gerard a viu voltando à fazenda, em meio ao frio e à neve.

— Mirka, o que está acontecendo? Aonde foi com esse tempo?

— Sentia-me nostálgica e precisei cavalgar.

— Entre, querida.

Ele agasalhou-a e serviu-lhe um chá bem quente, com dedicação e carinho.

"Aqui está um bom homem", pensou Mirka. Sentia que devia esquecer o passado para viver o presente e o futuro ao lado do querido marido e dos filhos. Depois de reconfortada e aquecida, ela agradeceu a ele e disse não existir no mundo, um marido melhor que o dela. Gerard achou que ela estava muito abalada com o casamento do filho, por essa razão não questionou a sua conduta.

Mirka, aquela noite, dormiu um sono leve, queria se desvencilhar dos pensamentos e recordações, e deixou que os sonhos roubassem as inquietudes.

Sonhou com um vento muito forte. As folhas caíam das árvores, dançando em ritmo calmo. Sonhou com as colinas, estava montada em seu cavalo e distante de suas terras. Naquele momento, encontrou-se com Hendrick. Ele, gentilmente, ajudou-a a descer do animal e a convidou para caminhar pela vegetação. Parecia ser um romance recente, caminhavam e sorriam. À beira de um lago, jogavam pedras para ouvir o barulho das águas. Ele era um jovem pastor de ovelhas e, ajoelhando-se no chão, pediu-a em casamento. Mirka acordou em sobressalto. Aquela visão do sonho já havia acontecido em outra vida. Não conseguia relembrar todo o passado, mas descobriu que o amor por Hendrick vinha de vidas passadas.

Pela manhã, foi ao casarão dos Willickens e se encontrou com Ludvig. Sempre quando ela ia muito cedo, era para contar alguma novidade. Carinhosamente, ele indagou:

— Aconteceu alguma coisa?

— Sim, sr. Willickens. Gostaria muito de lhe confidenciar.

Ludvig notou nervosismo em suas mãos, porque elas se agitavam uma na outra. Ela rodeou o assunto e, logo, ele percebeu ser sobre Hendrick.

— É a respeito de Hendrick? Por que está nervosa?

— O senhor me conhece muito bem, acredito notar minha inquietude — ele sorriu, concordando.

— Estive ontem com Hendrick e tivemos uma conversa esclarecedora. Ele me explicou que sua morte era predestinada e que o nosso destino está nas mãos de Deus. Disse-me ser certo voltar em outro corpo, para uma nova vida — assim, ela contou também sobre o sonho, que a levara a acreditar que esse amor era de outra vida. Esperava que ele se materializasse, mas existia a dúvida e a incerteza. Ludvig concordou ser incerto vê-lo, todavia pouparia Beatriz. Ela estava sentindo muita saudade do filho, e se ele não se despedisse, sofreria ainda mais. Ele se interessou em saber:

— Você acha que Hendrick voltará em outro corpo?

— Talvez um dia, mas nada é concreto.

Essa situação era dolorosa para os dois. Era difícil aceitar o desaparecimento dele da vida na terra. Contudo, Ludvig compreendeu que Deus havia concedido muitas visitas à família, enquanto outros pais nunca souberam de seus filhos depois da morte. E os mistérios de Deus não deviam ser questionados. Desviando a atenção, ela perguntou sobre Karla:

— Tem tido notícias de Karla?

— Sim, recebemos uma carta, e o assunto é todo sobre Juliet.

Karla sentia saudades da família, porém o marido estava muito atribulado com o trabalho. Os negócios de Jean haviam se desenvolvido e ele era o orgulho de seus pais. Antes de Mirka voltar para casa, ela se despediu de Beatriz, que a tratava com carinho, já não existia nem sombra da rudeza e do orgulho de antes. O vento soprava fino e o frio congelava, tinha pressa em voltar para casa antes que a neve começasse a cair.

Passados alguns dias, Ludvig encontrou Beatriz abalada. Ela chorava e falava sobre Hendrick:

— Sonhei com Hendrick. Ele se despediu de mim, dizendo adeus.

— Não se abale, Beatriz, foi apenas um sonho.

Ele tentava amenizar o sofrimento da esposa. Sabia que havia coerência no sonho, mas não disse nada, porque, aos poucos, ela se acostumaria com a ausência. Somente o tempo curaria Beatriz.

Capítulo 18

A volta de Rodolfo

Era noite e, na cabana, Euriko sentou-se à mesa para jantar. Miriam e Raquel faziam-lhe companhia. Após o jantar, Miriam percebeu que o gado havia se multiplicado, tomando boa parte do terreno da propriedade. O filho tinha planos de transformar a cabana em uma pequena fazenda e, assim, lucrar com os animais. Euriko pensava em derrubar a plantação de tulipas para plantar cereais. Seria mais produtivo e ele queria aproveitar a terra. Miriam e Raquel discordaram quanto a retirar as tulipas. Como todas as mulheres, elas eram românticas e queriam a paisagem das belas flores. Euriko disse que pensaria com calma e refletiria na melhor solução.

Miriam estava descontente consigo mesma, sempre fora vaidosa e exuberante; apesar dos anos, não havia perdido o encanto, mas não queria aborrecer o filho com suas vaidades. Ele fazia tudo o que podia, e seria injusto se queixar sobre esses assuntos. Cansada e entediada, foi à procura de Denise.

Ao chegar ao bordel notou as mudanças que começavam com a decoração. Obras de arte enfeitavam o salão e as meninas eram mais jovens, talvez por exigência dos clientes. Denise alegrou-se com sua visita. Miriam relatou os fatos corriqueiros de sua vida e a solidão com a saudade de Rodolfo. Foi com o desejo de arrumar um cliente para preencher o seu vazio, e faria segredo para o filho. A amiga explicou que havia muito tempo que tinha deixado o bordel, pois os clientes não mais a requisitavam.

– O que fará por mim, Denise?

– Tentarei ajudá-la; volte amanhã.

Acompanhando a amiga até a porta, prometeu-lhe fazer de tudo. Investigaria alguns clientes na intenção de ajudá-la. Miriam voltou à cabana, pensando em arrumar uma desculpa para se ausentar às tardes. Euriko estava no trabalho e Raquel sentiu a sogra inquieta, e perguntou:

– Está se sentindo bem?

– Estou bem, talvez um pouco deprimida e angustiada.

Logo Euriko chegou e se inteirou da conversa. Ela comentou ter consultado o doutor:

– Ele sugeriu-me arrumar uma ocupação para me distrair.

— Tem se sentido sozinha, mãe?
— Eu me ocuparei com outras bordadeiras. Elas fazem mutirão na fazenda dos Histon, assim terei com quem conversar e trocar ideias sobre os novos bordados.

Euriko a incentivou no novo trabalho com as senhoras. Seria divertido e aprenderia rápido, assim, esqueceria as doenças.

A desculpa tinha sido muito boa, assim, teria tempo para fazer o que quisesse. Ela não pensou nas consequências. Já estava tranquila com a vida da fazenda, mas o passado voltava com toda a força e a empurrava para o bordel. Uma mulher como ela estava acostumada ao luxo e vivia cercada de bons vinhos e belas joias. A adaptação à vida simples a desmotivara. Euriko achava que ela havia deixado o passado para trás. Se descobrisse, não iria perdoá-la. Contudo, ela queria apenas se divertir com algum cliente, tinha saudades da agitação do meretrício, das conversas, da música e dos assuntos de política, bem como de um belo parceiro.

Agora o filho havia se casado, estava longe das preocupações, encaminhado na vida e tinha planos de melhorias. Sendo assim, deveria se preocupar com ela mesma. Queria vestidos novos, xales de seda e belas joias. Esperava que Denise lhe arrumasse um bom par, estava torcendo para que isso acontecesse.

No dia seguinte, Miriam se apresentou ao meretrício e sua amiga Denise a vestiu adequadamente para a circunstância.

Depois de produzida e perfumada, a anfitriã afirmou ter encontrado um ótimo parceiro, e ele a esperava na suíte reservada aos clientes especiais. Miriam sabia se tratar de algum ricaço das redondezas e, com certeza, teria posses para pagar a noite e, quem sabe, iria lhe oferecer alguma joia. Ela estava interessada em agradar o cliente, assim ele se tornaria fixo, e todas as suas vontades seriam realizadas. Era assim que gostava de conquistar o cliente, e estava ansiosa para conhecê-lo.

Assim que entrou no quarto, levou um susto de emoção, olhava várias vezes sem controlar o sorriso. Aquele homem estava ali, mas não conseguia acreditar no que via:

– É você, Rodolfo? O que faz tão longe da França?

– Voltei para você, decepcionei-me com o outro relacionamento. Isso me fez ver o quanto eu a amava.

– Como o mundo dá voltas! Jamais esperei viver esse momento.

– Aceita o meu pedido de desculpas?

Miriam fez charme, mas não seria tola de recusar. Rodolfo proporcionou-lhe bons momentos, quem sabe, começaria tudo de novo.

A noite foi bem agradável. Nem a distância destruíra aquele amor. Ela deixaria por conta do destino, ele saberia o que seria melhor nesse caso. Prometeram esquecer o passado, assim, iriam se dar chances para reviver os momentos felizes. Rodolfo comentou ter realizado muitos negócios na Austrália. Por conta disso, sua fortuna havia se multiplicado. Ficaria na Holanda e se veriam muitas vezes. Antes disso, agradeceu à amiga pela surpresa.

Naqueles dias, Miriam sonhava acordada. Ainda estava em êxtase. Queria viver intensamente o romance e, agora, ele estava livre, arrependido por tê-la deixado. Ela estava realmente se encontrando com as senhoras dos bordados, assim, Euriko confiaria em sua conduta. Vivia com grande expectativa. Sempre fora extrovertida e sua beleza estava camuflada nas roupas de camponesa.

No segundo encontro, Rodolfo lhe presenteou com roupas novas e cobriu-lhe o colo com uma rica gargantilha de esmeraldas. A beleza dos mimos a estonteava. Estava surpreendida com o amante. Ele prometia-lhe uma vida de rainha e a convidou para voltar à França. Mas Miriam tinha receio de que Euriko reprovasse. Rodolfo resolveu ficar mais uns dias; pagava um bom preço pela suíte, incluindo champanhes e pratos sofisticados.

As meninas do bordel se indignavam pelo fato de Miriam ser madura e ter sido escolhida por um pretendente a preço de ouro. De fato, Rodolfo estava cada vez mais apaixonado e fazia todos os seus gostos.

Euriko estava cheio de energia, queria crescer financeiramente. Aumentou a boiada e estava disposto a comprar mais. A ideia era ter lucros com a venda dos animais. O local da cabana era vasto, os Vollenhoven tinham deixado aquelas terras para Albert, mas ele não soubera aproveitar. Contudo, o filho tinha tino para os negócios.

Raquel admirava o marido, que se esforçava para adquirir bens materiais, fazendo isso com o suor do trabalho. O casal frequentava a igreja religiosamente e Kall estava satisfeito com o crescimento de Euriko, que era diferente de Albert, pois tratava a esposa com carinho, era temente a Deus e, antes de tudo, honesto. Miriam não podia se queixar, porque Euriko tinha lhe dado muitas alegrias. Sempre se esforçara para que não faltasse nada a ela.

Miriam, ao ter reencontrado Rodolfo, certificou-se de que o destino havia lhe pregado uma peça, e, dessa vez, tinha sido para melhor. Planejava contar ao filho sobre o romance, mas esperava o momento propício para esclarecer os acontecimentos. Denise a aconselhou que o fosse preparando aos poucos, começando a insinuar a falta de um companheiro. Quando Miriam tocou no assunto, ele se surpreendeu:

— Não pensei que se sentia assim; sempre cuidei que não lhe faltasse nada.

— Sei disso, Euriko, mas uma mulher precisa de um companheiro.

— Devia procurar Kall para se aconselhar.

— Com certeza, é isso o que farei.

Ela não pretendia apelar para a igreja, porque tinha segredos a esconder.

Os dias foram passando depressa, ainda mais para Miriam, que vivia nas nuvens. Ao lado de Rodolfo, sentia-se jovial. Denise acreditou na mudança dele, e de que ele faria de tudo para não perdê-la. Achava que ela deveria aceitar a proposta para viver na França.

Finalmente, Miriam e Rodolfo traçaram uma desculpa para comover Euriko. E combinaram uma visita, determinado dia, na presença dela, para convencê-lo do amor deles. Rodolfo chegou à cabana e Euriko teve uma surpresa quando abriu a porta:

— Rodolfo! Como está? Há quanto tempo!

— É mesmo. Senti saudades de Miriam e vim procurá-la.

Ele cumprimentou Miriam e Raquel, que foi tomada de surpresa pelo inesperado, pois conhecia a história da sogra. Miriam procurava manter as aparências para que os dois não percebessem o combinado, e o convidou a se acomodar. Depois de longa conversa, Rodolfo a pediu em casamento:

— Quero que me perdoe e aceite meu pedido de casamento.

Nem mesmo ela sabia da intenção dele e respondeu:

— Sim!

Euriko não podia recriminá-la diante do aceite. Foi combinado que Kall faria a cerimônia. E, para a felicidade de Miriam, assim aconteceu. Após o casamento, ela se entendeu com o filho:

— Preciso partir com Rodolfo para a França. Lá estão os seus negócios. Sempre que possível virei visitá-lo. Acha que vai me perdoar?

— Sim, mamãe, desejo vê-la feliz. Você merece essa segunda oportunidade. Vá com Deus!

Abençoada pelo filho, no dia seguinte, Miriam partiu para o seu destino.

Capítulo 19

Dirk e Sthefani na Holanda

À noite esfriava muito. Mirka olhava pela janela, vendo a neve cair. Gerard, muitas vezes, via-a assim, olhando o vazio, sem entender o que se passava com os seus sentimentos. Aproximando-se, sem ser notado, ele lhe perguntou:

– O que acontece, Mirka? Está com o pensamento longe. Quer desabafar?

– Desculpe-me, Gerard, tenho tido muitas preocupações e não quero aborrecê-lo.

– Sabe o quanto a considero. Pensei não haver segredos para mim.

Esse questionamento tirou Mirka da melancolia. A última coisa que queria fazer era magoar o marido. Principalmente se ele viesse a saber da questão do provável sumiço de Hendrick. Gerard era um homem de bem, e ela o amava, queria expulsar o passado de sua mente, para que não destruísse seu casamento:

— Querido, estou bem. Apenas sinto falta de Dirk, e o inverno me entristece, provocando saudades.

Gerard compreendeu a esposa, e a distraiu com diversos assuntos. Falaram sobre Dirk e a perspectiva de ele voltar com Sthefani. Mirka se animou e o marido prometeu ir logo à procura de uma propriedade para Dirk e a esposa, para fazerem surpresa em sua chegada. Sempre, ao ouvir o nome do irmão, Dominique se animava e pedia que fosse construído o haras. Isso era o mais importante na fazenda, afirmava ela. A menina tinha muita energia e o pai a observava:

— Vê como nossa filha cresceu? Já está uma adolescente.

Dominique cresceu rapidamente. Mirka concordou com a observação de que o tempo passava e os filhos cresciam. A união de família era importante para dar um rumo a eles.

Dominique, escutando a conversa, expressou concordar que já era adulta e poderia cavalgar quando quisesse. Mas o pai alertou-a quanto aos perigos da neve.

Logo chegariam as festividades do Natal e, por certo, haveria uma grande comemoração no casarão dos Willickens. Ultimamente, eles reuniam os Dorth para a festa que Beatriz proporcionava. Como sempre, o bom gosto imperaria na mesa da ceia.

Alguns dias se passaram e o Natal chegou. Todos estavam reunidos para celebrar o nascimento de Jesus, e oravam antes de sentar-se à mesa. Ludvig sempre discursava nessas datas e ressaltava a importância da família, sem esquecer a caridade e o amor ao próximo. Destacava que o nascimento de Jesus trazia renovações e aprimorava o espírito, porque, sendo ele filho de Deus, e consequentemente sendo nós irmãos aos olhos de Deus, o amor deveria imperar no coração de todos. Ludvig tinha o dom natural da palavra, todos o ouviam silenciosamente, concordando com suas explanações.

Nesse dia, Mirka sentiu a falta do filho. Essas datas eram sempre tão especiais, e ela orava ao senhor pedindo seu regresso. Dominique estava eufórica e se divertia com os presentes recebidos. Ela se alegrava, porque, a cada ano, havia uma festa diferente e aprimorada.

O inverno se despedia para dar lugar à primavera, e as flores apontavam nos arvoredos e revestiam o campo. Logo chegou uma carta de Dirk e Mirka a leu. Ele contava que havia terminado a universidade e o casal chegaria em breve à Holanda. Isso era uma boa notícia. Mirka sorria pelos cantos e esperava, ansiosa, a chegada deles. Os Willickens também esperavam por Karla na primavera. Beatriz contava os dias para ver Juliet, e, assim que eles chegassem, fariam outra comemoração.

Hendrick, sem se materializar, observava a família e estava satisfeito em vê-la tão unida. Desejava o melhor para eles. Mirka também se realizava com seu casamento. Dominique a distraia e ocupava. Assim, ela deixou de pensar se Hendrick ainda se materializaria.

Beatriz estava quieta, a reflexão tomara conta dos seus pensamentos, sentia por ter sido tão injusta com Mirka, mesmo no presente fazendo tudo por ela, não se perdoava pela atitude do passado. Tinha de fazer alguma coisa, e isso vinha roubando-lhe o sono. Ludvig notava a esposa angustiada e tentava saber o que se passava:

— O que tem, Beatriz, algo lhe aflige?

— Quando penso no passado, lembro-me do mal que fiz a Mirka e me entristeço.

— Não se recrimine. Os bons atos apagam os tempos ruins.

Beatriz planejava pedir outra vez, desculpas para Mirka, e esperaria o momento certo.

As tulipas estavam viçosas, a primavera realçava ainda mais beleza delas. A sra. Willickens olhava para elas com saudades de Hendrick e gostaria de revê-lo. A presença do filho era constante em seus pensamentos, por mais que se divertisse com os netos, a falta dele dilacerava o coração dela. Como esquecer um filho amado que só lhe trouxera alegrias?

Quando criança, com seu olhar travesso, sempre desarmava a mãe quando ela lhe chamava a atenção, pois, alegre, desculpava-se pedindo um beijo. Ela era rígida, mas não conseguia ficar indiferente. Era um menino atencioso e, depois de adulto, respeitava-a, sendo cumpridor dos seus deveres, além de ter um caráter indiscutível. Estava um pouco melancólica, parecia entender que sua despedida estava próxima.

Num desses dias, Beatriz suspirava de saudade do filho quando Mirka chegou ao casarão, animada, traçando planos para a chegada de Dirk. Queria compartilhar com Beatriz a sua alegria. A sra. Willickens a recebeu muito bem e, por estarem sozinhas, disse precisar desabafar, e que era urgente:

— Tenho estado muito pensativa, e lhe devo pedir perdão novamente pela infelicidade que causei na sua gravidez.

— Não se preocupe, sra. Beatriz, isso faz parte do passado. Vamos viver os bons momentos.

Ela se explicou que se julgara egoísta por não tê-la ouvido, e queria, de certa forma, recompensá-la:

— Isto é seu, sempre deveria ter ficado com você.

Mirka admirou-se. Ela lhe ofertava a caixinha de música com a qual Hendrick a havia presenteado. Foi uma enorme surpresa e Mirka não sabia o que dizer:

— Senhora Willickens, este objeto também lhe é importante, não se culpe.

Ela colocou a caixinha em suas mãos e insistiu, com essas palavras:

— Eu não conheço ninguém que mereça mais que você.

Mirka chorou de emoção e prometeu cuidar com muito carinho daquele objeto, dizendo que seria uma doce lembrança de Hendrick.

Este observava a cena e agradecia a Deus. O passado de intrigas entre Mirka e a mãe havia se encerrado por completo. Ludvig entrou em tempo de ver o gesto da esposa e sentiu que a paz reinaria pela eternidade.

Enquanto isso, Gerard se preocupava com a compra da fazenda. Queria presentear Dirk; queria dar ao casal a sua própria terra. Depois de fechar o negócio, levou Mirka para conhecer a propriedade:

— Acha que Dirk aprovará?

— Com certeza! Não tenho palavras para me expressar e lhe agradecer.

O clima estava em perfeita harmonia. A vida transcorria normalmente.

Ludvig cuidava dos jardins, as tulipas eram seus olhos, e ele as protegia contra pragas e insetos. Quando ventava, as tulipas se moviam, e isso causava sempre uma esperança de que, a qualquer momento, Hendrick apareceria. Ludvig deveria estar preparado para a despedida do filho, mas preservaria as tulipas para sempre em sua homenagem.

Outra carta chegou, e esta veio marcando a data da desembarque de Dirk.

Todos foram ao porto à espera dele e da esposa. No desembarque, Mirka estava atenta a todos os passageiros. Queria ser a primeira a abraçar o filho. De repente, o casal desceu a rampa. Dirk estava com um terno de linho, que o deixava com estilo social. O cabelo claro e o porte lembravam Hendrick. A seu lado, a jovem esposa o acompanhava. Seu vestido era leve, e o chapéu, com laços, deixava-a mais feminina. Os cabelos encaracolados em tom louro-escuro, os olhos cor de mel e um nariz afilado combinavam com o amplo sorriso.

Dirk abraçou a mãe comovida, apresentando-lhe Sthefani, que foi bem recebida. Os Willickens e os Dorth aprovaram a jovem britânica.

Ao chegarem à fazenda Bourchier, Dominique se precipitou nos braços do irmão e logo ambos se acomodaram. Gerard o presenteou com o contrato da fazenda, e a irmã, impulsiva, pediu ao irmão para construir um haras. Gerard prometeu-lhe a construção para breve. Dirk se comoveu com o presente do padrasto. Após o cansaço da viagem, o casal foi para um quarto que havia sido reservado para eles. O ambiente era muito agradável. Havia uma cama com dossel, arrumada com lençóis de seda; tapete vermelho, aveludado; castiçais de prata sobre uma cômoda de madeira de lei, e, ainda, quadros na parede. O bom gosto imperava. Mirka o havia decorado especialmente para eles. Enquanto na fazenda fossem feitos pequenos consertos, o casal se hospedaria ali.

Estava tudo tranquilo e, finalmente, Mirka pôde ter o filho perto. Amanheceu e o casal foi chamado para o dejejum. A mesa tinha uma boa quantidade de doces, que aguçavam o paladar, e o pão quente aumentava o apetite.

Sthefani adorou a mesa, mas comeu pouco, para manter a silhueta. Usava um corpete apertado para afinar a cintura. Além de intelectual, tinha uma beleza rara. Logo após o dejejum, Gerard e Mirka os levaram para conhecer a fazenda. Chegando lá, eles se deslumbraram com a paisagem: o lago estava coberto de aves, e os passarinhos aninhavam-se nas árvores. A casa da fazenda era ampla, a mobília era em estilo colonial, de madeira escura. A biblioteca era espetacular, os livros enfileirados e arrumados nas prateleiras, deslumbravam os olhos.

A sala de leitura era convidativa, com poltronas perto da lareira. A cozinha era vasta e o quarto de dormir requintado e de bom gosto. Mirka viu a felicidade de Dirk e indagou Sthefani:

— É do seu agrado ou prefere mudanças?

— Muito! É melhor do que eu esperava.

Percorreram toda a fazenda, que tinha alguns bois no pasto e cavalos no estábulo, que aguardariam a construção do haras. Mirka deixou Sthefani à vontade para fazer qualquer mudança, enquanto os consertos eram realizados.

Sthefani mudaria pouca coisa e acertaria algum detalhe. Após alguns dias, o haras também começou a ser construído, e o casal, em seguida, mudou-se para a nova casa.

A família Willickens estava ansiosa para receber Karla. Jean e Juliet, também viriam. Beatriz programava uma bela festa e, para isso, requisitou algumas cozinheiras da região para prepararem o banquete.

Ludvig, sempre às voltas com o gado e a plantação de tulipas, não se descuidava das belas flores. Elas eram cuidadas com muito esmero, e ele as preparava para a aparição de Hendrick.

Finalmente, Karla e a família chegaram. Os Willickens os recepcionaram no porto. Juliet era amorosa com os avós, que se derretiam com a sua delicadeza.

Os quartos de hóspedes os aguardavam e estavam devidamente preparados para eles. O quarto de Juliet era decorado com cortinas de renda, além da cama com dossel, que completava o ambiente.

Após o descanso, Jean e Karla comentaram o seu cotidiano e falaram sobre Juliet, que sempre os fazia rir com suas brincadeiras. Contaram que ela também era muito estudiosa, principalmente com as aulas de piano. Seu professor, Denner, iria apresentá-la em um concerto. Jean falou sobre os negócios e a prosperidade dos últimos anos. Pensava não ter preocupações financeiras, assim, Juliet teria uma segurança para o futuro.

Karla recebeu a visita de Dirk e Sthefani, e se encantou com a esposa do sobrinho. Ela tinha um ar britânico, mas era despojada, como Karla. Conversaram sobre muitos assuntos e, claro, sobre moda. Elogiaram a beleza dela e afirmaram que Dirk tinha um bom gosto, peculiar dos Willickens. A conversa era só de brincadeiras e elogios. Beatriz fez questão de tratá-la bem e confessou ter ganhado uma neta. Agora, a felicidade estava completa, com todos encontrando o seu destino.

Ludvig concordou, era sempre receptivo, e não via defeitos em Sthefani. A alegria continuou até a noite. Naquela semana, o casarão ficou tumultuado. Karla também participou dos preparativos da festa e principalmente dos convites.

Mirka esteve lá para ajudá-la. Tinha aprendido com Beatriz e estava preparada para os requintes daquela comemoração. Juliet e Dominique estavam sempre juntas e se divertiam muito, enquanto as mulheres da casa se ocupavam com a organização do evento. Ludvig as entretinha nas diversas peraltices das jovens. Jean e Karla eram muito unidos e demonstravam muito amor. O desgaste do casamento não os afetara, e eles faziam muitos planos para o futuro.

Chegou o dia da esperada festa. Os Willickens recepcionavam os convidados. Mirka e Gerard ajudavam a direcioná-los para as mesas colocadas nos jardins. Os Dorth não faltaram. Eles receberam uma atenção especial, de todos. Mirka atendia aos convidados com delicadeza. Gerard estava orgulhoso da esposa, por ser tão prestativa e comunicativa.

Dirk apresentou Sthefani aos presentes demonstrando a mesma dedicação de Hendrick. A festa se estendeu até altas horas, os convidados estavam satisfeitos com a recepção. Juliet e Dominique se ausentaram cedo tomadas pelo sono.

Aos poucos, todos foram embora, restando aos anfitriões o descanso merecido. Enquanto Karla se mantinha no casarão, Dominique e Juliet foram cavalgar sobre o comando de Gerard. Juliet também cavalgava com destreza, mas Dominique estava aprimorada, porque treinava quase todos os dias.

Mirka chegou em seguida para ver as meninas cavalgando; sentia muito orgulho delas. Cavalgavam juntas e eram boas amigas. Após a cavalgada, Gerard as convidou para irem à fazenda de Dirk. A fazenda do jovem Willickens estava com o haras quase pronto, e Dominique examinava cada detalhe, seguida da admiração da amiga. O haras era imenso e imponente. Dominique queria inaugurá-lo e pediu a Dirk que a deixasse estrear. O irmão queria vê-la feliz e consentiu a façanha.

O ar da Holanda trouxe saúde a Sthefani, que estava com a face avermelhada. Na fazenda, a alimentação era mais saudável, desde o leite até os legumes e a criação. Aves, porcos e gado eram abatidos na hora.

Sthefani adorava cavalgar pelas manhãs. Era ótima amazona, estava sempre de bom humor e gostava do jeito tranquilo de Dirk para conversar com os colonos. Ele colocava em prática o aprendizado da universidade e era respeitado entre os empregados, porque, antes de tudo, era extremamente honesto.

Sthefani aguardava uma carta do pai. Augusto Hill tinha muito apreço por ela, que era sua única filha. Marie, sua mãe, educou-a com muito mimo, e a ensinou a se portar na sociedade, dando-lhe um bom estudo. Seu pai, um rico mercador, sempre deu a ela uma vida confortável e a levou para conhecer vários países da Europa.

A saudade atormentava o coração dos pais de Sthefani. Contudo, a carta logo chegou.

– Dirk, recebi uma carta de papai, não é fabuloso?

– O que dizem? Estão bem?

– Papai e mamãe estão com muita saudade e prometem vir nos visitar. Dizem que fazem gosto em conhecer a fazenda.

Ela tagarelava e relia a carta vária vezes. Não via a hora de os pais chegarem. Chegou o dia em que o haras da fazenda Willickens ficou pronto. Dirk encheu-se de orgulho e convidou Dominique para estreá-lo. Ao chegar, a menina estava ofegante. Queria muito ser a primeira a cavalgar no haras do irmão. Depois de darem umas voltas, Dirk convidou Sthefani para cavalgar. Dominique olhava, de longe, o irmão e a esposa, os dois cavalgavam muito bem, porém ela tinha estilo. Dominique sentiu uma ponta de ciúmes, mas se fosse para disputar uma corrida, por certo, ela venceria.

Dirk comprou bons cavalos para o haras. Contratou um tratador de animais. Silas era um homem experiente e cuidaria bem do seu investimento. Dominique se encantou com os cavalos e, assim que pudesse, gostaria de montar todos. Gerard sorria para a filha. Sua paixão por cavalos começara bem cedo, quando o pai a levava para cavalgar com ele. Isso a motivou e se tornou um agradável *hobby*.

Passaram-se os dias e Sthefani já havia se adaptado à vida de casada. Mirka era muito prestativa e lhe ensinava as prendas domésticas, desde cozinhar até bordar lindas peças para sua casa. Embora tivesse empregados, ela tinha de se ocupar. Quando Dirk estava em casa, muitas vezes, ela tocava lindas cantigas do folclore inglês ao piano. O marido era apaixonado por ela, e eles formavam um belo casal.

Estava na hora de Karla e sua família partirem. Jean tinha muitos compromissos e Juliet choramingava pelos cantos, pois não queria deixar os avós nem Dominique, sua fiel amiga. Ambas prometeram se escrever e relatar a façanhas que viessem a acontecer.

Karla também estava triste. Era difícil deixar os pais e, quando se reencontravam, a partida ficava penosa. Contudo, Karla entendia as dificuldades do marido para deixar os negócios nas mãos dos empregados e, afinal, ela tinha de estar ao lado dele. Fazia planos com Beatriz para que se reencontrassem logo. A estada no casarão tinha sido maravilhosa porque lá existia muito amor. Ludvig prometera à neta que, logo que pudesse, iria visitá-la. Foi com lágrimas nos olhos que todos se despediram no porto e, assim, a família Fellens partiu para seu destino.

Beatriz olhava o navio partir e Ludvig acenava, até que desapareceram no horizonte. Voltaram ao casarão, onde tudo era lembrança. Cada canto da casa refletia a presença dos Fellens, até as pequenas coisas de Juliet que ficaram espalhadas na varanda.

Dominique se despediu de Juliet no casarão, não foi ao porto, porque não queria sofrer com a despedida.

Passou-se o tempo e logo Sthefani recebeu a visita dos pais. Eles fizeram surpresa quanto à data, e chegaram numa carruagem. Sthefani estranhou quando a carruagem parou na entrada da casa. Ao descerem, eles encheram-se de emoção. Os pais, Augusto e Marie Hill, haviam chegado. Essas surpresas eram típicas deles. O pai gostava do inesperado. Dirk foi chamado e recebeu os sogros como um verdadeiro filho.

– Estou feliz em recebê-los em minha casa, sintam-se à vontade.

O pai era mais despachado. Tirou o chapéu e o casaco para a filha guardar. A mãe, mais tímida, tirou seu agasalho. O pai solicitou conhecer os aposentos e alegou que, assim, esticaria as canelas. Depois conversariam sobre a viagem. Eles estavam exaustos e foram descansar, enquanto Sthefani preparava as guloseimas para recebê-los, com doces feitos por ela, para que eles a elogiassem. Fora importante aquele aprendizado com Mirka. Agora podia mostrar aos pais que era uma verdadeira anfitriã.

Após se refazerem, eles foram recebidos com uma excelente mesa, além dos quitutes, havia broas e manjares. Augusto admirou-se ao saber que haviam sido preparados pela filha. Marie parabenizou-a. Antes, por conta dos estudos, não restava tempo para aprender, mas, agora, era uma perfeita dona de casa e se esforçava para fazer as maravilhas da culinária.

Nos dias que se seguiram, os pais de Sthefani conheceram toda a fazenda. Adoraram o ar do campo e o haras tão elaborado. Acostumados à vida em Londres, longe da natureza, adoraram cada canto da fazenda, dizendo ser uma propriedade especial e que os futuros netos cresceriam com saúde e sentiriam a liberdade naquelas terras.

Mirka e a família estavam sempre com Dirk, recepcionando os pais de Sthefani, que tocava ao piano para distraí-los. Num desses dias, Mirka os levou para conhecer a fazenda Bourchier. Lá, eles foram recebidos com comida farta e conheceram toda a propriedade.

Augusto Hill se encantou com a Holanda e manifestou a vontade de vender seus bens e se mudar para um lugar perto da filha.

Na reunião familiar oferecida por Mirka, os Dorth e os Willickens também estiveram presentes. Em perfeita harmonia, eles retratavam a união e o amor.

Sthefani não cabia em si de contente. Se os pais mudassem para a Holanda sua felicidade estaria completa, pois poderia cuidar deles na velhice. Os Willickens faziam questão de os Hill conhecerem o casarão. Quando chegaram, ficaram impressionados com a plantação de tulipas. Ludvig lhes mostrou, com satisfação, as preciosas flores. Beatriz demonstrou que amava muito o neto.

E, assim, sempre aconteciam as reuniões entre as famílias. Dois meses depois, os Hill voltaram para Londres. Como de costume, a despedida foi triste.

Dirk estava realizado com o casamento. A fazenda lhe trazia grande satisfação, o gado e as ovelhas se multiplicavam e a plantação crescia. Sthefani queria engravidar, mas por um período seu sonho não se realizou. Bill a examinou e garantiu que ela estava em perfeitas condições, não havia nenhum problema que a impedisse de ser mãe. Receitou um chá calmante para dormir e relaxar, talvez a ansiedade a estivesse prejudicando.

Dirk não se preocupava com isso. No momento certo Deus proveria e o abençoaria com um filho. Sthefani era muito nova, teria muito tempo para engravidar, e o marido aconselhou-a a deixar fluir os bons pensamentos para aliviar a tensão dessa vontade obsessiva. Assim, quando menos esperasse, aconteceria a gravidez.

***

Os dias transcorriam normalmente. Euriko recebeu uma carta de Miriam. Ela contava do seu estado de felicidade. Rodolfo a tratava com muito mimo, fazendo as suas vontades. Pedia ao filho para ir visitá-la e que não se preocupasse com nada, pois enviaria as passagens porque tinha saudades e queria revê-lo.

Euriko era o braço direito do capataz da fazenda Bourchier. Tinha dificuldades para pedir uma licença para ver a mãe, mas resolveu mostrar a carta para Mirka e pedir a ela que estudasse com Gerard sobre a possibilidade de deixá-lo viajar para rever a mãe.

Mirka estava sempre na fazenda do filho e orientava Sthefani nas dificuldades domésticas. Um dia, a jovem queixou-se com ela:

— Quanto tempo vai levar para eu me tornar mãe?

— Não se deixe abater, algumas mulheres levam até três anos para engravidar. Ter paciência é o melhor remédio.

— Sinto receio. Temo ser infértil.

Mirka a distraiu, contando casos engraçados. Sthefani se sentiu aliviada. Era muito bom conversar com a sogra. Ela era mais experiente e lhe dava bons conselhos. Assim, resolveu que teria calma, pois Deus iria abençoá-la.

Naquele dia, Euriko pediu a Mirka que lesse a carta da mãe. Ela emocionou-se ao saber que Miriam tinha saudades do filho e prometeu ajudá-lo, informando ao marido a respeito da viagem. Mirka era bastante compreensiva com Euriko, mesmo sabendo que a ligação dela com ele era a tentativa da espiritualidade de juntá-lo a Albert para resgatar dívidas do passado. E por entender ser ele era um espírito que sofrera nas mãos de Albert, ela tentava compensá-lo com amizade e generosidade.

Euriko até aquela data não havia decifrado os sonhos com Albert. Eles revelavam sofrimentos em uma vida anterior, porém ele achava que eram alucinações para roubar-lhe o sono.

Miriam tinha vínculos com Euriko de outras vidas, e o concebera agradavelmente, eles tinham muitas afinidades. Ela suportara tudo para ter o filho ao seu lado, assim como Mirka. A essa altura, tudo estava definido, Miriam amava o filho e pedia que ele fosse visitá-la.

Mirka também amava Dirk e Dominique, e estava realizada como mãe e esposa. Apenas a sombra da partida de Hendrick a angustiava, assim como aos Willickens.

Dominique, sempre no haras, desafiava Sthefani para uma corrida, por saber que ela não a alcançaria, pois era uma amazona delicada. Dirk se divertia com a irmã, que era impetuosa, mimada e muito jovem, aprenderia com a idade.

Mirka via a filha crescer rapidamente. Ainda era cedo, mas logo começariam a aparecer os pretendentes, e seria mais uma família a se juntar a eles. Desejava que ela tivesse a mesma sorte que ela, que encontrasse um marido que a amasse e a respeitasse. O pai também comentava a respeito e, quando menos esperasse, ele daria a mão da filha em casamento.

Capítulo 20

Particularidades de Dominique

De fato, Dominique já trazia preocupações quanto ao casamento. Gerard cobrava mais atenção nos estudos, desde línguas a literatura, e a forçava, caso contrário, o castigo seria não cavalgar naquele dia. Para isso, ela tinha um professor. Ele reforçava o francês, além da língua holandesa. O professor Eduardo era de meia-idade, solteiro e disciplinador. Suas dependências eram devidamente acomodadas às suas necessidades. Tinha uma biblioteca particular e um piano colocado em seu quarto para treinar e aplicar a música nos ensinamentos de Dominique. Na sala principal da casa existia uma mesa talhada em madeira para a aplicação dos estudos, e um piano para as aulas de música. Tudo fora devidamente providenciado por Gerard. Ele queria poder dar a filha as mesmas oportunidades de educação que ele tivera.

Dominique aprendia rápido e, logo que completasse a maioridade, iria para uma universidade, na França. Seria uma separação necessária, porque os estudos vinham em primeiro lugar. Mirka sofria por antecipação, mas a universidade faria bem a ela, e, assim, poderia escolher um pretendente à sua altura.

Juliet era educada com rigor e o destino era o mesmo, escolher um bom pretendente, casar-se e constituir família. Elas se correspondiam por carta regularmente, já que as correspondências demoravam a chegar e o assunto principal eram os cavalos. A menina Fellens comentou na carta um assunto interessante. Seu pai, Jean, havia comprado um cavalo puro-sangue para que ela praticasse equitação.

Dominique se empolgou tanto com a ideia de ter um cavalo de raça, que atormentou o pai para lhe dar um de presente. Gerard prometeu que, caso ela se esforçasse nos estudos, pensaria sobre isso, mas, antes, ela teria de se preparar para a universidade.

Mirka sabia que a filha dobraria o pai, pois era mimada por ele e, qualquer dia daqueles, ele seria vencido pelo cansaço. A vida dela transcorria normalmente. A fazenda Bourchier prosperava nos negócios e, enquanto pensava, Euriko entrou na sala, tirando-a dos pensamentos:

— Senhora Mirka, será que o sr. Gerard me liberaria para a viagem?

– Estou me esforçando, Euriko, mais tarde, após seu expediente, vou até a cabana.

Como Gerard andava muito ocupado, ela resolveu ir até o escritório da fazenda.

Chegando lá, encontrou-o envolto em vários papéis, decidindo o melhor preço para vender o gado. Gerard se surpreendeu e pensou ser alguma coisa grave. Imediatamente, perguntou:

– Está tudo bem, Mirka? Aconteceu alguma coisa grave?

– Não se preocupe. Estou aqui apenas para uma conversa particular.

O capataz gentilmente se retirou. Ela falou novamente sobre o desejo de Euriko ver a mãe, e que achava ser ótima a viagem para o casal. À noite, Mirka foi à cabana e contou a decisão de Gerard a eles. O marido havia concedido a licença; eles poderiam ir à França. Euriko agradeceu a patroa; Miriam já havia mandado as passagens. Raquel se entusiasmou com a viagem por ser a primeira vez que sairia do país. Tudo estava preparado para a partida quando Mirka e Gerard os acompanharam até o porto, para a despedida.

Ludvig pediu a presença de Mirka no casarão. Ao chegar, ele queixou-se que Beatriz não estava bem. Ao entrar no quarto ela estava acamada, abatida, sem motivação.

– O que sente, sra. Beatriz? – perguntou Mirka, segurando sua mão.

— Tenho sentido tanta saudades de Hendrick, que me adoentei.

Dizendo isso, um perfume de flores invadiu o quarto.

— Sinto a presença de Hendrick, apenas não consigo vê-lo, mas tenho certeza de que quer vê-la curada.

Mirka a reanimou. A tristeza a estava abatendo, mesmo após tanto tempo da morte de Hendrick. Ele era muito companheiro, tinha um temperamento calmo e estava sempre às voltas com ela. Ele se divertia com as histórias que ela contava de sua mocidade. Apreciavam a boa música, eram almas gêmeas, e a separação havia sido muito difícil.

Após conversarem, Mirka pediu a Ludvig que fosse buscar Dirk, pois a sua companhia iria animá-la. Assim, ele chegou muito rápido.

— Como está, vovó? Dê-me um abraço.

Ela o abraçou longamente. Assim, matava a saudade de Hendrick, apesar de amá-lo, independentemente de qualquer coisa.

— É muito bom vê-lo, mas anda sempre ocupado com a fazenda.

— Prometo que virei vê-la mais vezes.

Ela sorriu para o neto e logo se levantou, não queria que a visse triste. Pediu licença para se vestir. Enquanto Dirk e Ludvig estavam na sala, ela pediu ajuda a Mirka para pegar um vestido elegante. Quando a viu, Ludvig a elogiou, e ela pediu à cozinheira que arrumasse a mesa para o chá.

A conversa alegrou Beatriz, que nem parecia mais estar doente, de cama e depressiva. Ela precisava da atenção de todos e Mirka compreendeu sua carência. Assim pediu também a Dominique para fazer companhia à senhora, principalmente porque ela tagarelava sem parar e a sra. Willickens não teria tempo para se adoentar.

Enquanto isso, na fazenda Bourchier, Gerard presenteou a filha com o cavalo puro-sangue. Dominique transbordou de felicidade.

– Obrigada, pai, cuidarei dele com muito carinho. Seu nome será Sultão.

Sultão era muito jovem e forte. Ele tinha patas bem cuidadas, era marrom-escuro brilhante e tinha uma crina longa marrom-avermelhado. O tratador da fazenda, Silas, elogiava o bom gosto do patrão. Os dentes do cavalo eram saudáveis, demonstrando boa saúde. Era necessário treiná-lo para correr no haras. Dominique não via a hora de poder montá-lo, mas o tratador achou melhor que ele se ambientasse com o lugar e as pessoas, e, principalmente, aceitasse Dominique como sua amazona. Ela obedeceu as regras, o cavalo poderia ficar violento por não se adaptar. Era melhor deixá-lo se acostumar.

Assim, durante alguns dias, Silas levou o cavalo para o cercado a fim de treiná-lo para deixar-se montar. Aos poucos, Dominique dominou Sultão. Depois de treinado, Sultão foi para o haras e ela o montou. Parecia a amazona mais experiente que já haviam conhecido. Assim falavam os pais orgulhosos ao vê-la desfilar com o cavalo.

Dominique tinha o corpo forte e os cabelos claros, enrolados e compridos até a cintura. Algumas vezes fazia vários cachos longos e os prendia com um laço. Os rapazes na igreja esticavam os olhares e Mirka percebia que, logo, teria de receber o seu pretendente em casa. Gerard tinha mais cuidados e chegava a sentir ciúmes ao ouvir falar em casamento. Queria que ela frequentasse a universidade para se formar, antes de arrumar compromisso. Assim como Karla, que havia se preparado antes de casar com Jean.

Mirka, mais romântica, preocupava-se apenas com a felicidade da filha. Casar-se por amor e ser feliz com o companheiro era o mais importante. Dominique não se abalava com as conversas sobre casamento. O seu interesse estava nos cavalos, não tivera ainda olhos em nenhum rapaz que a observasse. Achava que casaria bem mais tarde, era a última coisa em que pensava.

Por ironia do destino, Willem Kolman fez uma visita à fazenda Bourchier. Gerard, gentilmente, convidou-o para sentar-se à sala de estar. Estava intrigado com a visita do fazendeiro de família nobre. Seu tio Guilherme havia sido ministro do governo francês e sua família fazia parte da corte do fim do reinado de Napoleão III.

Após acomodarem-se, Willem disse:

— Meu filho Arthur está com dezoito anos de idade e precisa pensar em uma futura esposa. Ele tem muita admiração por Dominique e gostaria de pedir a mão dela em compromisso.

— Minha filha Dominique? Ela não está pronta para o casamento. Antes, deve cursar a universidade.

— Pense, Gerard! O casamento só acontecerá na idade certa, mas devemos comprometê-los. Terei muito gosto em receber Dominique na família.

Gerard argumentou algumas questões, mas prometeu que pensaria no assunto, não queria aceitar a ideia de que a filha estava se tornando uma mulher.

Willem Kolman saiu satisfeito por interceder a favor do filho e acreditou que Gerard não recusaria a oferta.

Mirka interpelou o marido para que lhe contasse os motivos da visita de Willem. Acharam melhor conversar com a filha sobre o assunto. Os pais rodearam a conversa até que Gerard esclareceu o pedido de casamento.

— Casar-me com Arthur? Nem pense nisso, não tenho o menor interesse. Além de sem graça, esnoba os menos afortunados. Acho mesmo que será difícil encontrar alguém para casamento.

Os pais não esperavam essa repulsa de Dominique. Mirka não forçaria uma situação. Gerard era bastante liberal para a época e deixaria sua filha escolher o seu pretendente.

Dominique prosseguiu na sua rotina. Treinava todos os dias no haras. Sultão acostumou-se à dona, que era muito carinhosa e escovava os seus pelos todos os dias. Silas cuidava de sua alimentação, seguida com rigor para sua raça.

Gerard comentava a beleza do animal e a disposição da bela amazona.

Passados alguns dias, na festa de um vizinho, Dominique encontrou-se com Arthur. Quando ele a viu, arregalou os olhos, deslumbrado com sua beleza, e abriu um sorriso de boas-vindas. Ela, entretanto, esquivou-se fingindo não vê-lo e, por mais que tentasse aproximar-se, ela desviava de suas investidas. Ele estava surpreso com a indiferença dela, pois achava que após seu pai ter intercedido a seu favor ela se desmancharia em elogios e se aproximaria dele. Estava certo de que o compromisso iria concretizar-se. Estava bem longe da verdade, nem imaginava que a sua favorita lhe desprezava e o queria bem longe de sua presença. Contudo, Arthur era tinhoso e não desistiria tão fácil. Se não conseguisse, iria se queixar ao pai para que exigisse de Gerard a palavra do prometido.

Em outro evento, proporcionado por Kall que, com ajuda dos fiéis, montou uma quermesse para arrecadar uma verba a ser destinada à construção de outra ala na igreja, todos da redondeza foram convidados a participar, inclusive a família Bourchier.

Na ocasião, a família encontrou-se com alguns colonos de outras fazendas. Felipe era um jovem que trabalhava na administração da fazenda dos Coll. Era de boa aparência. Tinha estatura alta, cabelos escuros, enrolados, e olhos azuis. Parecia um príncipe, perdido no evento, que, sorrindo, cumprimentou-a:

— Como vai, Dominique? Faz tempo que não nos vemos!

— Bem, Felipe. Kall nos proporciona festividades bem interessantes.

— O que achou de tão interessante?

— A corrida dos sacos.

A corrida dos sacos era recompensadora. Os homens se vestiam em sacos de arroz e corriam até a marca da chegada. O prêmio era escolher uma moça para fazer companhia em todo o evento. Felipe se interessou e prometeu que, se ganhasse, iria escolhê-la. Dominique concordou, pois achou que ele jamais venceria a prova.

Os jovens se colocaram na faixa para começar a berlinda. Os participantes tinham de pagar a participação na prova para arrecadar fundos para as obras, e isso fazia com que os competidores se esforçassem ao máximo para poder escolher a donzela que os acompanharia na festa. A disputa era gritante, eram leões famintos em busca da sua prenda. A disputa mais acirrada era entre Felipe e Arthur.

Dominique imaginou que, se Arthur ganhasse, obviamente a escolheria, e ela não poderia recusar a brincadeira, que ajudaria a igreja. Torceu para que Felipe ganhasse e, por um triz, ele ganhou a disputa.

Arthur não sabia que Felipe escolheria Dominique e, quando os viu juntos, morreu de ciúmes. Achava que o pedido do seu pai não poderia ser negado, porque a família Kolman estava acostumada a ser atendida por causa de sua influência. Mas Gerard nunca se deixou levar por *status*, estava satisfeito com sua vida e seus negócios.

Os dois eram vistos em todas as barracas da quermesse, e sempre rindo muito. Parecia que se entendiam em todas as brincadeiras, principalmente na da boca do palhaço, na qual disputavam quem acertaria mais bolas no alvo. Dominique tinha uma boa pontaria e, na disputa, levou a melhor. Tudo era motivo de riso. Os dois se entendiam muito bem, e isso despertou mais ciúmes em Arthur.

A quermesse começou pela manhã. Gerard e Mirka participaram durante algumas horas, mas como Dominique era incansável, deixaram-na aos cuidados de Kall. Quase escureceu e terminaram as agradáveis distrações, Gerard foi buscá-la e, assim, ela voltou para casa.

No dia seguinte, Gerard recebeu novamente a visita de Willem. Mal entrou na sala, em tom possessivo, ele questionou:

— Vejo que não cuida de sua filha! Enquanto ela ficou na quermesse desfrutando com Felipe Basten, onde o senhor estava?

— Conheço bem minha filha. Se ela escolheu Felipe para companhia, acertou na escolha; portanto, o seu pedido foi recusado.

Willem Kolman se retirou indignado. Achava que o seu pedido fosse uma ordem e não se conformou por Dominique escolher um reles empregado da fazenda dos Coll. Ao sair de lá, ele adiantou-se e foi procurar por Coll. Relatando os fatos, exigiu que despedisse o empregado, pois ele lhe devia muitos favores. Na verdade, Victor Coll estava endividado com empréstimos que havia contraído com ele. Assim, não pôde recusar o pedido e despediu Felipe.

O jovem trabalhador não entendeu a atitude do patrão, pois sempre fizera o melhor para a fazenda, e cuidara dos seus negócios com esmero. Aprendera administração com o avô e, desde pequeno, ajudava-o na pequena fazenda. Contudo, por infelicidade, o avô adoeceu e os poucos bens que tinham foram vendidos para que ele pudesse se tratar em Londres. A doença, no entanto, era grave e ele faleceu. Felipe herdou apenas uma casa com pouco terreno, onde morava com a família.

O emprego faria falta, pois era ele que provia as necessidades da casa. Seu pai, Rutger Basten, cuidava da pequena lavoura, que ajudava no sustento alimentar, mas a ele eram dadas outras responsabilidades.

Kall, que conhecia a comunidade, inteirou-se do que acontecera com Felipe e pediu a presença de Gerard para que tomasse conhecimento da atitude de Willem. Gerard atendeu ao chamado e indignou-se com a atitude de Kolman.

– Não posso acreditar nessas barbaridades!

– Achei que você poderia empregar Felipe.

– Com certeza, Kall, não vou desamparar o jovem diante dessa injustiça.

Como Gerard tinha muito serviço com as transações da fazenda, pediu que o capataz chamasse Felipe à sua presença, o qual prontamente o atendeu.

– Então, meu jovem, tenho tido muito trabalho com a administração da fazenda. Preciso de um funcionário que me ajude com as papeladas.

– Senhor, não tem obrigação de me empregar. Soube que o sr. Coll me despediu por chantagem, mas não o acho culpado.

– Esqueça o incidente, preciso mesmo de alguém na administração. Quer o emprego?

– Sendo assim, aceito.

Ele começaria no dia seguinte, enquanto Gerard providenciava uma escrivaninha para o seu trabalho. Dominique adorou a ideia de tê-lo por perto. Não sabia ao certo o que estava sentindo, mas tentaria descobrir.

No primeiro dia de trabalho, o jovem Basten foi conhecer a fazenda. Gerard o levou por toda a propriedade. Ao passarem pelo haras, ele viu Dominique montada em seu cavalo. O vento assoprava os seus cabelos e a expressão dela era de felicidade. Felipe se encantou, mas guardou para si o sentimento. Gerard fez um comentário:

— Ela não é a amazona mais linda da região?

— Claro que é! Contudo, é a primeira vez que a vejo cavalgando.

Gerard percebeu o interesse dele e tratou de levá-lo à administração para instruí-lo em relação às papeladas das compras do gado e todos os gastos da fazenda.

A amizade de Dominique com Felipe foi se estruturando, e havia, da parte de ambos, muita admiração. Com o passar do tempo os dois resolveram se comprometer. Gerard, a princípio, queria alguém com posses financeiras, mas escutou de Mirka que o amor é que importava na vida das pessoas. Felipe se esforçava muito no trabalho e Gerard lhe deu outras responsabilidades, queria que o futuro marido de sua filha, algum dia, administrasse sua própria fazenda.

Mirka achou que Dominique faria um casamento de almas e isso a satisfez, porque sua filha não passaria por desilusões. A harmonia imperava na fazenda Bourchier. Dirk era muito prestativo, principalmente com a avó Beatriz. E nunca decepcionou a mãe.

Dominique, sempre treinando no haras, tinha o apoio de Felipe. Mirka sentia que tudo o que pedira a Deus tinha sido concretizado, e que sua família caminhava a largos passos, dentro da compreensão e do amor.

Capítulo 21
A despedida de Hendrick

Euriko voltou da França e iniciou o seu trabalho. Agradeceu à patroa pela oportunidade de visitar a mãe, que, saudosa, mandara lembranças. A atividade no trabalho consumia Euriko. Ele se dedicava ao máximo. A cabana era seu lar, mas havia tempos queria fazer modificações no terreno. Achava que seria melhor tirar as tulipas para plantar cereais, mas antes de fazer isso, comentou com Mirka sua decisão. Ela tinha lembranças das flores, pois o espírito de Hendrick havia se materializado várias vezes naquela plantação. Assim, gostaria de mantê-la, e pediu a Gerard que lhe desse terras para plantar, também pelo fato de Euriko ser um bom funcionário e lhe dever essa gratidão.

Acertado o acordo, Gerard lhe passou um terreno, que ia ao encontro de suas intenções, assim, as tulipas foram preservadas. Sempre que Mirka passava pelas terras de Euriko, visitava as tulipas. Era a lembrança de Hendrick, que se arraigara entre elas. Mesmo Ludvig tendo feito a plantação de tulipas nos terrenos do casarão, e ultimamente sendo lá que Hendrick se materializava, Mirka queria deixar as plantações da cabana como relíquia de sua memória. Euriko entendeu a importância das flores e prometeu não mexer naquelas lembranças.

O tempo passou e Hendrick não se comunicou mais. Os Willickens estavam ansiosos, pois sabiam que, qualquer dia, ele poderia se materializar. Contudo, temiam a despedida.

Apesar de Mirka sentir tanta saudade, ela entendeu que não podia mudar o destino dos espíritos, e somente Deus tinha o poder de fazê-lo, porque a decisão Dele prevalece entre mortos e vivos. Por esse motivo, se Hendrick tivesse de partir, seria a vontade de Deus se manifestando.

Dirk progredia em sua fazenda e Sthefani lutava para engravidar, mas ela teria de esperar a bênção de Deus. Mirka indicou-lhe o médico Frederico, que cuidara de sua gestação. Como era um médico que frequentemente se especializava em Londres e Paris, tinha sempre novidades, tanto para concepção como para a gestação em si.

Seu último descobrimento era de que as mulheres tinham poucos dias férteis. Sthefani se consultou com ele, que a orientou a iniciar um tratamento e acompanhar os seus ciclos. Na época, isso era novidade, e Sthefani tentaria a concepção segundo a sua orientação.

Sthefani recebeu uma carta dos pais. Eles estavam adiantando as vendas de seus bens em Londres e logo voltariam à Holanda para comprar uma propriedade. O sonho deles era viver ao lado da filha e, quem sabe, cuidar dos netos que viriam.

Dirk estava com ela quando recebeu a carta, que leu em voz alta para colocá-lo a par das últimas novidades. O jovem Willickens pensava em procurar uma boa propriedade adiantando para o sogro a procura do imóvel. Como era filha única, era difícil para os pais viverem longe dela. Eles resolveram manter uma propriedade de verão no sul da Inglaterra para descansar e matar a saudade do país. Augusto queria uma propriedade que tivesse muita vegetação e campo, pois adorava a tranquilidade da natureza. Marie preferia o glamour da alta sociedade em que fora criada, mas concordou que tentaria se ajustar aos novos ares da Holanda.

A grande família se formava. Os Dorth, os Willickens, os Bourchier, os Fellens e os Hill. As famílias se entrelaçavam para que os herdeiros desfrutassem as benfeitorias dos pais. Por tudo isso Sthefani se cuidava, seguindo o conselho de Frederico.

Ludvig e Beatriz torciam para a chegada dos bisnetos. Aguardavam, com ternura, aquele momento.

Beatriz bordava alguns lençóis para a cama do filho de Dirk. Tanta expectativa deixava Sthefani ansiosa. O doutor aconselhou muita calma e serenidade para não atrapalhar a possível gravidez.

Sthefani aprendeu, com Mirka, a fazer alguns bordados, e resolveu bordar babadores para a criança que ainda não havia concebido. Essa era uma forma de distrair-se que a fazia ter boas ilusões de conceber o filho tão esperado.

Enquanto isso, Dominique firmou-se no compromisso. Felipe tinha aprendido muito com o patrão, que o tratava como um filho. Estava com um bom salário e ajudava a família a ter mais conforto.

Sua família era constituída pelo pai Rutger Basten, a mãe Adda, a avó Agatha, e o irmão mais novo Estevam. Ele estava guardando dinheiro para dar uma propriedade melhor à família. Gerard admirava a preocupação que Felipe tinha com a família. O casal ainda tinha mais alguns anos para se casar. Até lá, Bourchier pensava em ajudá-los. Para isso, contratou um professor de administração, que veio de Londres para educá-lo. Gerard tinha planos para o genro e Felipe se intimidava com as novidades. Mas Dominique o incentivava a aproveitar as oportunidades que surgiam.

O professor Diógenes ministrou todas as matérias de administração e, após alguns meses, ele estava apto a gerenciar qualquer fazenda.

Outros fazendeiros que precisavam de um administrador viriam procurá-lo e ele passou a prestar serviços a seus clientes, com a total aprovação de Gerard, que o liberava, em algum dia da semana, para visitar os fazendeiros. Felipe era esforçado e agora tinha um salário extra para guardar e ajudar a família. Com isso, sobrava-lhe alguma verba para os planos de casamento.

Gerard também o deixou negociar o gado e lhe deu uma porcentagem pelas vendas. O jovem crescia a olhos vistos e se tornou um homem respeitável nos processos de administração.

Juliet continuou se correspondendo com Dominique e, logo que soube do compromisso, lamentou ainda não ter idade para selar compromisso com algum rapaz. Tão logo tivesse, também queria se comprometer e ter alguém para amar. Admirava a cumplicidade que Dominique tinha com Felipe. Embora o casal fosse observado pelos pais dela, e de estarem sempre juntos na presença dos familiares, quando sobrava algum tempo, geralmente ele ia ao haras apreciar as cavalgadas e aproveitar para conversar sobre o futuro. Nessas ocasiões, eles trocavam juras de amor, afirmando que ficariam juntos para sempre.

Felipe tinha um temperamento calmo e conservador, e a respeitava. Teria de esperar, três ou cinco anos, até que pudesse lhe dar um verdadeiro lar. Por esse motivo se esforçava e pensava em comprar uma fazenda de pequeno porte. Aos poucos, cresceu financeiramente; não lhe faltava disposição. Era jovem, saudável e muito determinado; não media esforços para conseguir os seus intentos.

Todos elogiavam sua disposição, principalmente Kall, que convivera com a família desde que ele era ainda criança. Observou o jovem crescer e se tornar um homem digno. Afirmava a Gerard que Dominique havia feito uma ótima escolha, porque não era o *status* social que moldava o homem, e sim o caráter e a benevolência. Bourchier tinha uma afinidade especial com Felipe, e não tinha dúvidas de que ele seria o esposo ideal para a filha. Ele o via com bons olhos.

Dirk também se dedicava à fazenda Willickens, e andava negociando cavalos, apesar da sua instrução, era bom trocar ideias com Felipe, que, sempre prestativo, indicava-lhe o melhor para a administração da fazenda. Além de Silas, o tratador de cavalos, que o ajudava nas compras dos equinos. Felipe também sugeriu um bom veterinário para começar a ensinar as éguas a procriar e gerar mais negócios.

O jovem Basten, além de prestativo, era um bom observador. Essa era uma vantagem que o favorecia na administração das fazendas. O conceito a respeito de seu nível de conhecimento passava de um fazendeiro para outro, e, assim, sempre requisitavam os seus conselhos. A sua prestação de serviço era bem procurada até pelos mais experientes.

Dominique se orgulhava de vê-lo próspero e disposto no trabalho. Bourchier já havia comentado:

— Felipe vai longe!

Isso era incentivador para a jovem e futura esposa, que não precisava se preocupar com o seu destino, porque tinha, ao seu lado, um companheiro trabalhador e amoroso, e ela poderia deixar o seu futuro em suas mãos.

Passados alguns meses, Mirka cavalgava sem destino quando passou pela cabana de Euriko e notou alguém sentado à porta. Ela se aproximou e se surpreendeu ao ver tão inesperada figura:

— O que faz aqui, Albert? Imaginei que estivesse bem no mundo dos espíritos!

— Não tinha sossego, Mirka, sou atormentado pelos homens que maltratei no passado, mas venho especialmente para pedir-lhe perdão por tudo que a fiz passar.

— Quanto a mim, está perdoado, pode seguir em paz. Ore e peça perdão a todos que molestou.

Albert chorou ao ouvir Mirka perdoá-lo. Estava desorientado e precisava de ajuda. Pensando assim, requisitou Hendrick em pensamento, mas quem apareceu foi seu superior.

— Estou aqui para ajudá-lo! – afirmou o superior, e despedindo-se o levou ao seu destino.

Mirka agradeceu em pensamento, porque a cena foi bem rápida, como é próprio dos espíritos, que se materializam por pouco tempo.

A sra. Bourchier não esperava aquele encontro. Orou em silêncio para que ele fosse levado a um bom lugar e que tivesse paz depois de tanto tormento. Não contaria nada a Euriko, achava mesmo, que ele não voltaria mais, porque os bons espíritos o ajudariam a se aliviar.

Lembrou-se dos velhos tempos em que sofrera nas mãos de Albert. Não guardava rancor ou mágoa, pois tinha o poder de esquecer o passado.

As lembranças da cabana não eram boas, mas ela sabia que todo ser tem provas a expiar, e se não tinha mais débitos com a justiça divina, Albert seguiria melhor o seu caminho.

A vida de Mirka se transformara. Vivia plenamente feliz com Gerard e a família, nem mais as sombras do desprezo dos Willickens restavam. De tudo, aprendera uma lição: que a justiça de Deus é soberana, e a paciência é necessária para atingirmos o nosso objetivo, principalmente o amor, que vence todas as barreiras. E assim aconteceu. Ela esperou que tudo se esclarecesse diante de Beatriz e, finalmente tornou-se sua melhor amiga.

Deus prepara um caminho justo para quem vive com a injustiça. Esperar o tempo certo é o melhor remédio para aliviar as dores.

Mirka ficou alguns instantes pensando no passado, mas a tarde caía e ela achou melhor voltar para casa, antes que escurecesse. O outono esfriava a tarde e, antes que congelasse, ela se apressou em montar o cavalo, e se retirou satisfeita por ajudar Albert a se libertar.

Aquela noite foi como todas as outras, de aspecto normal e corriqueiro, com uma única diferença: Mirka sonhou com Sthefani, e o sonho foi uma experiência espiritual que lhe trouxe alguns esclarecimentos. Sthefani lutava para engravidar, mas não era somente nesta vida, mas em outra, de um passado distante. Era um lugar com muitos arvoredos, como se fosse uma casa de campo. Sthefani repousava numa cadeira, tomava sol acompanhada de uma senhora de meia-idade, Tinha cuidado com sua gravidez, e a senhora pedia que ela fosse se deitar. Estava aproximadamente com seis meses de gestação e parecia muito frágil e delicada. A cuidadosa senhora a agasalhou e caminharam juntas para entrar na casa. Chegando ao quarto, ao se acomodar na cama, ela sentiu uma forte dor e, em seguida, o aborto aconteceu. A senhora era uma parteira que a acompanhava na difícil tarefa de ajudá-la a segurar a gravidez. Não sendo possível reverter o quadro, ela cuidou do pequeno feto sem vida. Mirka ouviu chamá-la de Camille. Ela estava pálida e inconformada com a perda. Mirka acordou de sobressalto, lembrando-se que Sthefani estava com dificuldade para engravidar. Talvez as lembranças do inconsciente a fizessem dificultar a gravidez; assim, ela resolveu ajudá-la, sem despertar suspeitas.

Pela manhã, Mirka foi até a fazenda de Dirk. Ele não estava e ela encontrou a nora chorando:

— O que ouve, Sthefani? Por que chora?

— Sempre sonho que aborto o filho que espero, chego a me angustiar.

Mirka a aconselhou que deveria se acalmar e, depois, Sthefani confessou que tinha medo de engravidar para que não acontecesse nada à criança. A sra. Bourchier pediu-lhe que tirasse a paúra do pensamento e a ajudou a pensar positivamente que poderia engravidar a qualquer momento, pois era jovem e saudável, e os maus pensamentos é que a prejudicavam.

Pediu que ela lesse alguns salmos e que mentalizasse, todos os dias, que era forte e fértil e que, logo, geraria um filho. Mirka compreendeu que o fato passado, mesmo inconscientemente, a prejudicava, e pediu aos bons espíritos que fossem protegê-la, colocando bons pensamentos, retirando todos os resquícios da vida passada. Logo em seguida, Mirka viu uma luz brilhar em direção à nora e ela se acalmou muito rapidamente. Após isso, Mirka soube que podia contar com a espiritualidade e que Sthefani ficaria curada para sempre.

Dirk entrou nesse momento e, notando que a esposa estava com os olhos avermelhados, perguntou:

— Teve maus sonhos, Sthefani?

— Sim, mas sua mãe me convenceu de que preciso confiar em Deus.

Dirk abraçou a mãe carinhosamente e falou com entusiasmo sobre a fecundação das éguas, e que Felipe era um ótimo incentivador. Mirka se emocionou por ver o filho tão realizado, e, agora, sabendo do problema de vida passada de Sthefani, oraria todos os dias até que ela engravidasse e lhe desse um neto.

Passado algum tempo, Mirka voltou para casa, mas, antes, passou pelo haras e encontrou Dominique e Felipe. Os dois conversavam sobre o futuro. Mirka sabia que Dominique também casaria e os netos viriam abrilhantar a vida de todos. Gerard também esperava por isso, queria a casa repleta de crianças. Eles se preparavam para o futuro, quando, já idosos, desfrutariam do carinho dos netos. Mirka conseguia enxergar o destino dos filhos e sentia que Sthefani não tardaria a engravidar. A única tristeza era o sentimento da partida de Hendrick, mas ela queria lembrar apenas dos bons momentos.

Felipe vendeu a propriedade dos Basten, comprou outra melhor e deu aos pais, que tinham muito orgulho dele. A casa era bem maior e confortável, e o terreno tinha o dobro do tamanho do outro. A avó, Agatha, não se cansava de agradecer-lhe, porque aquela propriedade era o sonho do marido.

Estevam trabalhava na fazenda Bourchier com o irmão, que lhe ensinava todos os macetes da profissão de administrador; inteligente e sensato, ele aprendia tudo rapidamente.

Augusto Hill escreveu à filha e comunicou a data de sua chegada. Sthefani recebeu a carta e uma onda de emoção e euforia tomou conta de seu semblante. Dirk logo percebeu que os pais de sua esposa estavam chegando. No dia marcado, a recepção foi especial. Os Bourchier e os Willickens foram recebê-los e uma festa os aguardava na fazenda dos Willickens. Marie levou alguns presentes à família. Mirka ajudava a recepcioná-los com muitos petiscos e guloseimas. Cansados da viagem, após uma exaustiva festa, eles foram descansar no quarto reservado ao casal.

No dia seguinte, Dirk e a esposa levaram Augusto e Marie para conhecer uma propriedade. Era de grande extensão, o prado se alongava, e frondosas árvores circundavam o local. O casarão era de bom gosto, agradando Marie, que gostava de *glamour*. A propriedade havia pertencido a um nobre francês e agora os Hill iriam adquiri-la. Não quiseram conhecer outras residências porque se apaixonaram por esta. Aprovaram-na no instante que a conheceram. Dirk fez a transação da compra do imóvel para que os sogros tivessem tempo de escolher a mobília e levar conforto e elegância ao novo lar.

Enquanto os Hills se acomodavam na fazenda da filha, o inverno chegou.

Mirka olhou pela janela e viu os flocos de neve caírem, e isso a fez se lembrar de Hendrick. Um calafrio percorreu seu corpo. Era um pressentimento de que, muito em breve, Hendrick iria se materializar.

Logo cedo, Mirka se dirigiu ao casarão dos Willickens. Estava movida por uma sensação eufórica. Ludvig a recebeu e ela lhe contou a sensação do momento. Beatriz chegou à sala e se surpreendeu com a visita.

— Tudo bem, Mirka? Todos estão bem?

— Sim, sra. Beatriz, venho lhe comunicar a intuição que tive hoje.

Mirka explicou à sra. Willickens, que pressentia a presença de Hendrick, e, então, resolveram ir até as tulipas. Embora o frio fosse intenso, todos estavam ansiosos para vê-lo. Uma luz forte refletiu diante deles e, finalmente, ele se materializou.

— Estou feliz em vê-los. Mamãe, há quanto tempo não a vejo!

Beatriz balançou a cabeça afirmativamente e as lágrimas correram em sua face. Ludvig a apoiou e pediu que ela fosse forte para viver aquele momento. Mirka se aproximou, suspirando, e Hendrick agradeceu por tudo o que ela havia feito, pelo lindo filho e por amparar os Willickens. Todos aguardavam o seu pronunciamento.

— Eu amo vocês! Estou pronto para partir, tenho uma missão muito importante, vou reencarnar em breve. Não quero lágrimas, somente alegria. Estou pronto para voltar — permitiu um leve toque dos familiares e se

despediu desaparecendo lentamente. Ao longe, ouvia-
-se: — Adeus! Adeus!.

Era normal que todos sentissem sua partida, mas Mirka os aconselhou a orar, pois ele voltaria e, quem sabe, no meio da família. Ela suspeitou que Sthefani iria engravidar e trazer Hendrick de volta, mas guardou esse segredo.

Mais tarde, silenciosamente, voltou às tulipas e, andando entres elas, disse:

— Adeus, Hendrick! Tenho a certeza que logo vamos nos encontrar.

Mirka voltou para o casarão e, da janela, observou as tulipas com a certeza de que Hendrick jamais seria esquecido.

Fim.

Leia os romances de Schellida!
Emoção e ensinamento em cada página!
Psicografia de Eliana Machado Coelho

CORAÇÕES SEM DESTINO – Amor ou ilusão? Rubens, Humberto e Lívia tiveram que descobrir a resposta por intermédio de resgates sofridos, mas felizes ao final.

O BRILHO DA VERDADE – Samara viveu meio século no Umbral passando por experiências terríveis. Esgotada, consegue elevar o pensamento a Deus e ser recolhida por abnegados benfeitores, começando uma fase de novos aprendizados na espiritualidade. Depois de muito estudo, com planos de trabalho abençoado na caridade e em obras assistenciais, Samara acredita-se preparada para reencarnar.

UM DIÁRIO NO TEMPO – A ditadura militar não manchou apenas a História do Brasil. Ela interferiu no destino de corações apaixonados.

DESPERTAR PARA A VIDA – Um acidente acontece e Márcia, uma moça bonita, inteligente e decidida, passa a ser envolvida pelo espírito Jonas, um desafeto que inicia um processo de obsessão contra ela.

O DIREITO DE SER FELIZ – Fernando e Regina apaixonam-se. Ele, de família rica, bem posicionada. Ela, de classe média, jovem sensível e espírita. Mas o destino começa a pregar suas peças...

SEM REGRAS PARA AMAR – Gilda é uma mulher rica, casada com o empresário Adalberto. Arrogante, prepotente e orgulhosa, sempre consegue o que quer graças ao poder de sua posição social. Mas a vida dá muitas voltas.

UM MOTIVO PARA VIVER – O drama de Raquel começa aos nove anos, quando então passou a sofrer os assédios de Ladislau, um homem sem escrúpulos, mas dissimulado e gozando de boa reputação na cidade.

O RETORNO – Uma história de amor começa em 1888, na Inglaterra. Mas é no Brasil atual que esse sentimento puro irá se concretizar para a harmonização de todos aqueles que necessitam resgatar suas dívidas.

FORÇA PARA RECOMEÇAR – Sérgio e Débora se conhecem e nasce um grande amor entre eles. Mas encarnados e obsessores desaprovam essa união.

LIÇÕES QUE A VIDA OFERECE – Rafael é um jovem engenheiro e possui dois irmãos: Caio e Jorge. Filhos do milionário Paulo, dono de uma grande construtora, e de dona Augusta, os três sofrem de um mesmo mal: a indiferença e o descaso dos pais, apesar da riqueza e da vida abastada.

PONTE DAS LEMBRANÇAS – Ricos, felizes e desfrutando de alta posição social, duas grandes amigas, Belinda e Maria Cândida, reencontram-se e revigoram a amizade que parecia perdida no tempo.

MAIS FORTE DO QUE NUNCA – A vida ensina uma família a ser mais tolerante com a diversidade.

Obras de Irmão Ivo: leituras imperdíveis para seu crescimento espiritual
Psicografia da médium Sônia Tozzi

O PREÇO DA AMBIÇÃO
Três casais ricos desfrutam de um cruzeiro pela costa brasileira. Tudo é requinte e luxo. Até que um deles, chamado pela própria consciência, resolve questionar os verdadeiros valores da vida e a importância do dinheiro.

A VIDA DEPOIS DE AMANHÃ
Cássia viveu o trauma da separação de Léo, seu marido. Mas tudo passa e um novo caminho de amor sempre surge ao lado de outro companheiro.

A ESSÊNCIA DA ALMA
Ensinamentos e mensagens de Irmão Ivo que orientam a Reforma Íntima e auxiliam no processo de autoconhecimento.

QUANDO CHEGAM AS RESPOSTAS
Jacira e Josué viveram um casamento tumultuado. Agora, na espiritualidade, Jacira quer respostas para entender o porquê de seu sofrimento.

SOMOS TODOS APRENDIZES
Bernadete, uma estudante de Direito, está quase terminando seu curso. Arrogante, lógica e racional, vive em conflito com familiares e amigos de faculdade por causa de seu comportamento rígido.

O AMOR ENXUGA AS LÁGRIMAS
Paulo e Marília, um típico casal classe média brasileiro, levam uma vida tranquila e feliz com os três filhos. Quando tudo parece caminhar em segurança, começam as provações daquela família após a doença do filho Fábio.

O PASSADO AINDA VIVE
Constância pede para reencarnar e viver as mesmas experiências de outra vida. Mas será que ela conseguirá vencer os próprios erros?

NO LIMITE DA ILUSÃO
Marília queria ser modelo. Jovem, bonita e atraente, ela conseguiu subir. Mas a vida cobra seu preço.

RENASCENDO DA DOR
Raul e Solange são namorados. Ele, médico, sensível e humano. Ela, frívola, egoísta e preconceituosa. Assim, eles acabam por se separar. Solange inicia um romance com Murilo e, tempos depois, descobre ser portadora do vírus HIV. Começa, assim, uma nova fase em sua vida, e ela, amparada por amigos espirituais, desperta para os ensinamentos superiores e aprende que só o verdadeiro amor é o caminho para a felicidade.

Romances imperdíveis!
Obras do espírito Hermes!
Psicografia de Maurício de Castro

Nada é para Sempre

Clotilde morava em uma favela. Sua vida pelas ruas a esmolar trocados e comida para alimentar o pequeno Daniel a enchia de revolta e desespero. O desprezo da sociedade causava-lhe ódio. Mas, apesar de sua condição miserável, sua beleza chamou a atenção de madame Aurélia, dona da Mansão de Higienópolis, uma casa de luxo em São Paulo que recebia clientes selecionados com todo o sigilo. Clotilde torna-se Isabela e começa então sua longa trilha em busca de dinheiro e ascensão social.

Ninguém Lucra com o Mal

Ernesto era um bom homem: classe média, trabalhador, esposa e duas filhas. Espírita convicto, excelente médium, trabalhava devotadamente em um centro de São Paulo. De repente, a vida de Ernesto se transforma: em uma viagem de volta do interior com a família, um acidente automobilístico arrebata sua mulher e as duas meninas. Ernesto sobrevive... Mas agora está só, sem o bem mais precioso de sua vida: a família.

Herdeiros de Nós Mesmos

A fazenda Boa Esperança era uma verdadeira mina de ouro. Durante anos, vinha sustentando a família Caldeiras com luxo e muito dinheiro. Mas o velho Mariano, dono de todo aquele império, agora estava doente e à beira da morte. O sobrinho Cássio, quase um filho para Mariano, agora comandava a usina. Mas a vida traz lições e ensinamentos e a história ganha contornos inesperados, graças ao sigiloso testamento que Mariano preparou antes de morrer. Uma emocionante obra que nos mostra as consequências do apego aos bens materiais, sobretudo quando ele contamina o amor entre as pessoas, gerando discórdia e desarmonia.

O Preço de uma Escolha

Neste emocionante romance, uma trama repleta de momentos de suspense, com ensinamentos espirituais que vão nos ajudar no decorrer de nossa vida a fazermos sempre as escolhas certas sem prejuízo ao semelhante.